JEAN GIRAUDOUX

Amphitryon 38

GRASSET

33e Edition

AMPHITRYON 38

DU MÊME AUTEUR

Provinciales (Bernard Grasset, éditeur).
L'École des Indifférents (Bernard Grasset, éditeur).
Lectures pour une ombre (Émile-Paul, éditeur).
Simon le Pathétique (Bernard Grasset, éditeur).
Amica America (Émile-Paul, éditeur).
Elpenor (Émile-Paul, éditeur).
Adorable Clio (Émile-Paul, éditeur).
Suzanne et le Pacifique (Émile-Paul, éditeur).
Siegfried et le Limousin (Bernard Grasset, éditeur).
Juliette au Pays des Hommes (Émile-Paul, éditeur).
Bella (Bernard Grasset, éditeur).
Églantine (Bernard Grasset, éditeur).
Aventures de Jérôme Bardini (Émile Paul, éditeur.)

THÉATRE :

Siegfried, pièce en 4 actes (Bernard Grasset, éditeur).

JEAN GIRAUDOUX

AMPHITRYON 38

COMÉDIE EN TROIS ACTES

ÉDITIONS BERNARD GRASSET
61, RUE DES SAINTS-PÈRES, VIe
PARIS

AMPHITRYON 38

Comédie en trois actes représentée pour la première fois à la Comédie des Champs Élysées, le 8 Novembre 1929 avec la mise en scène de Louis JOUVET.

Noms des artistes dans l'ordre de leur entrée en scène :

Jupiter . . . . Pierre RENOIR
Mercure . . . . Louis JOUVET
Sosie . . . . Romain BOUQUET
Le Trompette . . . . Michel SIMON
Le Guerrier . . . . Alexandre RIGNAULT
Alcmène . . . . Valentine TESSIER
Amphitryon . . . . ALLAIN-DURTHAL
Ecclissè . . . . Charlotte CLASIS
Léda . . . . Lucienne BOGAERT
L'Echo. . . . . Suzet MAIS

CETTE ÉDITION DONNE LE TEXTE COMPLET DE LA PIÈCE.

Le texte utilisé pour la représentation devra être demandé à la Société des Auteurs et Compositeurs dramatiques, 9, rue Ballu, Paris.

ACTE PREMIER

Une terrasse près d'un palais.

SCÈNE PREMIÈRE

Jupiter. Mercure.

JUPITER. — Elle est là, cher Mercure!

MERCURE. — Où cela, Jupiter?

JUPITER. — Tu vois la fenêtre éclairée, dont la brise remue le voile. Alcmène est là! Ne bouge point. Dans quelques minutes, tu pourras peut-être voir passer son ombre.

MERCURE. — A moi cette ombre suffira. Mais je vous admire, Jupiter, quand vous aimez une mortelle, de renoncer à vos privilèges divins et de perdre une nuit au milieu de cactus et de ronces pour apercevoir l'ombre d'Alcmène, alors que de vos yeux habituels vous pourriez si facilement percer les murs de sa chambre, pour ne point parler de son linge.

JUPITER. — Et toucher son corps de mains invisibles pour elle, et l'enlacer d'une étreinte qu'elle ne sentirait pas !

MERCURE. — Le vent aime ainsi, et il n'en est pas moins, autant que vous, un des principes de la fécondité.

JUPITER. — Tu ne connais rien à l'amour terrestre, Mercure !

MERCURE. — Vous m'obligez trop souvent à prendre figure d'homme pour l'ignorer. A votre suite, parfois j'aime une femme. Mais, pour l'aborder, il faut lui plaire, puis la déshabiller, la rhabiller ; puis, pour obtenir de la quitter, lui déplaire... C'est tout un métier...

JUPITER — J'ai peur que tu n'ignores

les rites de l'amour humain. Ils sont rigoureux ; de leur observation seule naît le plaisir

MERCURE. — Je connais ces rites.

JUPITER. — Tu la suis d'abord, la mortelle, d'un pas étoffé et égal aux siens, de façon à ce que tes jambes se déplacent du même écart, d'où naît dans la base du corps le même appel et le même rythme ?

MERCURE. — Forcément, c'est la première règle

JUPITER. — Puis, bondissant, de la main gauche tu presses sa gorge, où siègent à la fois les vertus et la défaillance, de la main droite tu caches ses yeux, afin que les paupières, parcelle la plus sensible de la peau féminine, devinent à la chaleur et aux lignes de la paume ton désir d'abord, puis ton destin et ta future et douloureuse mort, — car il faut un peu de pitié pour achever la femme ?

Mercure — Deuxième prescription; je la sais par cœur.

Jupiter. — Enfin, ainsi conquise, tu délies sa ceinture, tu l'étends, avec ou sans coussin sous la tête, suivant la teneur plus ou moins riche de son sang ?

Mercure. — Je n'ai pas le choix; c'est la troisième et dernière règle.

Jupiter. — Et ensuite, que fais-tu ? Qu'éprouves-tu ?

Mercure. — Ensuite ? Ce que j'éprouve ? Vraiment rien de particulier, tout à fait comme avec Vénus !

Jupiter. — Alors pourquoi viens-tu sur la terre ?

Mercure. — Comme un vrai humain, par laisser aller. Avec sa dense atmosphère et ses gazons, c'est la planète où il est le plus doux d'atterrir et de séjourner, bien qu'évidemment ses métaux, ses essences, ses êtres sentent fort, et que ce soit le seul astre qui ait l'odeur d'un fauve.

JUPITER. — Regarde le rideau! Regarde vite!

MERCURE. — Je vois. C'est son ombre.

JUPITER. — Non. Pas encore. C'est d'elle ce que ce tissu peut prendre de plus irréel, de plus impalpable. C'est l'ombre de son ombre!

MERCURE. — Tiens, la silhouette se coupe en deux! C'était deux personnes enlacées! Ce n'était pas du fils de Jupiter que cette ombre était grosse, mais simplement de son mari! Car c'est lui, du moins je l'espère pour vous, ce géant qui s'approche et qui l'embrasse encore!

JUPITER. — Oui, c'est Amphitryon, son seul amour.

MERCURE — Je comprends pourquoi vous renoncez à votre vue divine, Jupiter. Voir l'ombre du mari accoler l'ombre de sa femme est évidemment moins pénible que de suivre leur jeu en chair et en couleur!

JUPITER — Elle est là, cher Mercure, enjouée, amoureuse.

MERCURE — Et docile, à ce qu'il paraît.

JUPITER — Et ardente.

MERCURE. — Et comblée, je vous le parie.

JUPITER. — Et fidèle.

MERCURE. — Fidèle au mari, ou fidèle à soi-même, c'est là la question.

JUPITER. — L'ombre a disparu. Alcmène s'étend sans doute, dans sa langueur, pour s'abandonner au chant de ces trop heureux rossignols!

MERCURE. — N'égarez pas votre jalousie sur ces oiseaux, Jupiter. Vous savez parfaitement le rôle désintéressé qu'ils jouent dans l'amour des femmes. Pour plaire à celles-là, vous vous êtes déguisé parfois en taureau, jamais en rossignol.

Non, non, tout le danger réside dans la présence du mari de cette belle blonde!

JUPITER. — Comment sais-tu qu'elle est blonde?

MERCURE. — Elle est blonde et rose, toujours rehaussée au visage par du soleil, à la gorge par de l'aurore, et là où il le faut par toute la nuit.

JUPITER. — Tu inventes, ou tu l'as épiée?

MERCURE. — Tout à l'heure, pendant son bain, j'ai simplement repris une minute mes prunelles de dieu... Ne vous fâchez pas. Me voici myope à nouveau.

JUPITER. — Tu mens! Je le devine à ton visage. Tu la vois! Il est un reflet, même sur le visage d'un dieu, que donne seulement la phosphorescence d'une femme. Je t'en supplie! Que fait-elle?

MERCURE. — Je la vois, en effet...

JUPITER. — Elle est seule?

MERCURE. — Elle est penchée sur

Amphitryon étendu. Elle soupèse sa tête en riant. Elle la baise, puis la laisse retomber, tant ce baiser l'a alourdie ! La voilà de face. Tiens, je m'étais trompé ! Elle est toute, toute blonde.

JUPITER. — Et le mari ?

MERCURE. — Brun, tout brun, la pointe des seins abricot.

JUPITER. — Je te demande ce qu'il fait.

MERCURE. — Il la flatte de la main, ainsi qu'on flatte un jeune cheval... C'est un cavalier célèbre d'ailleurs.

JUPITER. — Et Alcmène ?

MERCURE. — Elle a fui, à grandes enjambées. Elle a pris un pot d'or, et, revenant à la dérobée, se prépare à verser sur la tête du mari une eau fraîche... Vous pouvez la rendre glaciale, si vous voulez.

JUPITER. — Pour qu'il s'énerve, certes non !

MERCURE. — Ou bouillante.

JUPITER. — Il me semblerait ébouillanter Alcmène, tant l'amour d'une épouse sait faire de l'époux une part d'elle-même.

MERCURE. — Mais enfin que comptez-vous faire avec la part d'Alcmène qui n'est pas Amphitryon ?

JUPITER. — L'étreindre, la féconder !

MERCURE. — Mais par quelle entreprise ? La principale difficulté, avec les femmes honnêtes, n'est pas de les séduire, c'est de les amener dans des endroits clos. Leur vertu est faite des portes entr'ouvertes.

JUPITER. — Quel est ton plan ?

MERCURE. — Plan humain ou plan divin ?

JUPITER. — Et quelle serait la différence ?

MERCURE. — Plan divin : l'élever jusqu'à nous, l'étendre sur des nuées, lui laisser reprendre, après quelques instants, lourde d'un héros, sa pesanteur.

JUPITER — Je manquerais ainsi le plus beau moment de l'amour d'une femme.

MERCURE. — Il y en a plusieurs ? Lequel ?

JUPITER. — Le consentement.

MERCURE. — Alors prenez le moyen humain : entrez par la porte, passez par le lit, sortez par la fenêtre.

JUPITER. — Elle n'aime que son mari.

MERCURE. — Empruntez la forme du mari.

JUPITER. — Il est toujours là. Il ne bouge plus du palais. Il n'y a pas plus casanier, si ce n'est les tigres, que les conquérants au repos !

MERCURE. — Eloignez-le. Il est une

recette pour éloigner les conquérants de leur maison.

JUPITER. — La guerre ?

MERCURE. — Faites déclarer la guerre à Thèbes.

JUPITER. — Thèbes est en paix avec tous ses ennemis.

MERCURE. — Faites-lui déclarer la guerre par un pays ami... Ce sont des services qui se rendent, entre voisins... Ne vous faites pas d'illusion... Nous sommes des dieux... Devant nous l'aventure humaine se cabre et se stylise. Le sort exige beaucoup plus de nous sur la terre que des hommes... Il nous faut au moins amonceler par milliers les miracles et les prodiges, pour obtenir d'Alcmène la minute que le plus maladroit des amants mortels obtient par des grimaces... Faites surgir un homme d'armes qui annonce la guerre... Lancez aussitôt Amphitryon à la tête de ses armées, prenez sa forme, et prêtez-moi, dès son départ, l'apparence de Sosie pour que j'annonce discrètement à Alcmène qu'Amphitryon feint de partir, mais reviendra passer la nuit au palais... Vous voyez. On nous dérange déjà. Cachons-nous... Non, ne faites pas de nuée spéciale, Jupiter ! Ici-bas nous avons, pour nous rendre invisibles aux créanciers, aux jaloux, même aux soucis, cette grande entreprise démocratique, — la seule réussie, d'ailleurs, — qui s'appelle la nuit.

SCÈNE DEUXIÈME

Sosie. Le Trompette. Le Guerrier.

Sosie. — C'est toi, le trompette de jour ?

Le Trompette. — Si j'ose dire, oui. Et toi, qui es-tu ? Tu ressembles à quelqu'un que je connais.

Sosie. — Cela m'étonnerait, je suis Sosie. Qu'attends-tu ? Sonne !

Le Trompette. — Que dit-elle, votre proclamation ?

Sosie. — Tu vas l'entendre.

Le Trompette. — C'est pour un objet perdu ?

Sosie. — Pour un objet retrouvé. Sonne, te dis-je !

Le Trompette. — Tu ne penses pas que je vais sonner sans savoir de quoi il s'agit ?

Sosie. — Tu n'as pas le choix, tu n'as qu'une note à ta trompette.

Le Trompette. — Je n'ai qu'une note à ma trompette, mais je suis compositeur d'hymnes.

Sosie. — D'hymnes à une note ? Dépêche-toi. Orion paraît.

Le Trompette. — Orion paraît, mais, si je suis célèbre parmi les trompettes à une note, c'est qu'avant de sonner, ma trompette à la bouche, j'imagine d'abord tout un développement musical et silencieux, dont ma note devient la conclusion. Cela lui donne une valeur inattendue.

Sosie. — Hâte-toi, la ville s'endort.

Le Trompette. — La ville s'endort, mais mes collègues, je te le répète, en enragent de jalousie. On m'a dit qu'aux écoles de trompette ils s'entrainent uniquement désormais à perfectionner la qualité de leur silence. Dis-moi donc de quel objet perdu il s'agit, pour que je compose mon air muet en conséquence.

Sosie. — Il s'agit de la paix.

Le Trompette. — De quelle paix ?

Sosie. — De ce qu'on appelle la paix, de l'intervalle entre deux guerres ! Tous les soirs Amphitryon ordonne que je lise une proclamation aux Thébains. C'est un reste des habitudes de campagne. Il a remplacé l'ordre du jour par l'ordre de nuit. Sur les manières diverses de se protéger des insectes, des orages, du hoquet. Sur l'urbanisme, sur les dieux. Toutes sortes de conseils d'urgence. Ce soir, il leur parle de la paix.

LE TROMPETTE. — Je vois. Quelque chose de pathétique, de sublime? Ecoute.

SOSIE. — Non, de discret.

Le trompette porte la trompette à sa bouche, bat de la main une mesure légère, et enfin, sonne.

SOSIE. — A mon tour maintenant!

LE TROMPETTE. — C'est vers les auditeurs qu'on se tourne, quand on lit un discours, non vers l'auteur.

SOSIE. — Pas chez les hommes d'Etat. D'ailleurs là-bas ils dorment tous. Pas une seule lumière. Ta trompette n'a pas porté.

LE TROMPETTE. — S'ils ont entendu mon hymne muet, cela me suffit...

SOSIE, *déclamant.* — O Thébains! Voici

la seule proclamation que vous puissiez entendre dans vos lits, et sans qu'il soit besoin de vous tirer du sommeil ! Mon maître, le général Amphitryon, veut vous parler de la paix... Quoi de plus beau que la paix ? Quoi de plus beau qu'un général qui vous parle de la paix ? Quoi de plus beau qu'un général qui vous parle de la paix des armes dans la paix de la nuit ?

LE TROMPETTE. — Qu'un général ?

SOSIE. — Tais-toi.

LE TROMPETTE. — Deux généraux.

Dans le dos même de Sosie, gravissant degré par degré l'escalier qui mène à la terrasse, surgit et grandit un guerrier géant, en armes.

SOSIE. — Dormez, Thebains ! Il est bon de dormir sur une patrie que n'éventrent point les tranchées de la guerre, sur des lois qui ne sont pas menacées, au milieu d'oiseaux, de chiens, de chats, de rats qui ne connaissent pas le goût de la chair humaine. Il est bon de porter son visage national, non pas comme un masque à effrayer ceux qui n'ont pas le même teint et le même poil, mais comme l'ovale le mieux fait pour exposer le rire et le sourire. Il est bon, au lieu de reprendre l'échelle des assauts, de monter vers le sommeil par l'escabeau des déjeuners, des dîners, des soupers, de pouvoir entretenir en soi sans scrupule la tendre guerre civile des ressentiments, des affections, des rêves !... Dormez ! Quelle plus belle panoplie que vos corps sans armes et tout nus, étendus sur le dos, bras écartés, chargés uniquement de leur nombril... Jamais nuit n'a été plus claire, plus parfumée, plus sûre... Dormez.

LE TROMPETTE. — Dormons.

Le guerrier gravit les derniers degrés et se rapproche.

SOSIE, *tirant un rouleau et lisant.* —

Entre l'Ilissus et son affluent, nous avons fait un prisonnier, un chevreuil venu de Thrace... Entre le mont Olympe et le Taygète, par une opération habile, nous avons fait sortir des sillons un beau gazon, qui deviendra le blé, et lancé sur les seringas deux vagues entières d'abeilles. Sur les bords de la mer Egée, la vue des flots et des étoiles n'oppresse plus le cœur, et dans l'Archipel, nous avons capté mille signaux de temples à astres, d'arbres à maisons, d'animaux à hommes, que nos sages vont s'occuper des siècles à déchiffrer... Des siècles de paix nous menacent!... Maudite soit la guerre!...

Le guerrier est derrière Sosie.

LE GUERRIER. — Tu dis ?

SOSIE. — Je dis ce que j'ai à dire : Maudite soit la guerre!

LE GUERRIER. — Tu sais à qui tu le dis ?

SOSIE. — Non

LE GUERRIER. — A un guerrier!

SOSIE. — Il y a différentes sortes de guerre!

LE GUERRIER. — Pas de guerriers... Où est ton maître?

SOSIE. — Dans cette chambre, la seule éclairée.

LE GUERRIER. — Le brave général! Il étudie ses plans de bataille?

SOSIE. — Sans aucun doute. Il les lisse, il les caresse.

LE GUERRIER. — Quel grand stratège...

SOSIE. — Il les étend près de lui, à eux colle sa bouche.

LE GUERRIER. — C'est la nouvelle théorie. Porte-lui ce message à l'instant ! Qu'il s'habille! Qu'il se hâte! Ses armes sont en état?

SOSIE. — Un peu rouillées, accrochées du moins à des clous neufs.

LE GUERRIER. — Qu'as-tu à hésiter?

SOSIE. — Ne peux-tu attendre demain ? Jusqu'à ses chevaux se sont couchés, ce soir. Ils se sont étendus sur le flanc, comme des humains, si grande est la paix. Les chiens de garde ronflent au fond de la niche, sur laquelle perche un hibou.

LE GUERRIER. — Les animaux ont tort de se confier à la paix humaine !

SOSIE. — Ecoute ! De la campagne, de la mer résonne partout ce murmure que les vieillards appellent l'écho de la paix.

LE GUERRIER. — C'est dans ces moments-là qu'éclate la guerre !

SOSIE. — La guerre !

LE GUERRIER. — Les Athéniens ont rassemblé leurs troupes et passé la frontière.

SOSIE. — Tu mens, ce sont nos alliés !

LE GUERRIER. — Si tu veux. Nos alliés, donc, nous envahissent. Ils prennent des otages. Ils les supplicient. Réveille Amphitryon !

SOSIE. — Si j'avais à ne le réveiller que du sommeil et non du bonheur! Ce n'est vraiment pas de chance : le jour de la proclamation sur la paix!

LE GUERRIER. — Personne ne l'a entendue. Va, et toi demeure. Sonne ta trompette...

Sosie sort.

LE TROMPETTE. — Il s'agit de quoi?

LE GUERRIER. — De la guerre!

LE TROMPETTE. — Je vois. Quelque chose de pathétique, de sublime?

LE GUERRIER. — Non, de jeune.

Le trompette sonne. Le guerrier est penché sur la balustrade et crie.

LE GUERRIER. — Réveillez-vous Thébains! Voici la seule proclamation que vous ne puissiez entendre endormis! Que tous ceux dont les corps sont forts et sans défaut s'isolent à ma voix de cette masse suante et haletante confondue dans la nuit. Levez-vous ! Prenez vos armes ! Ajoutez à votre poids cet appoint de métal pur qui seul donne le vrai alliage du courage humain. Ce que c'est ? C'est la guerre ?

LE TROMPETTE. — Ce qu'ils crient !

LE GUERRIER. — C'est l'égalité, c'est la liberté, la fraternité : c'est la guerre ! Vous tous, pauvres, que la fortune a injustement traités, venez vous venger sur les ennemis ! Vous tous, riches, venez connaître la suprême jouissance, faire dépendre le sort de vos trésors, de vos joies, de vos favorites, du sort de votre patrie ! Vous, joueurs, venez jouer votre vie ! Vous, jouisseurs impies, la guerre vous permet tout, d'aiguiser vos armes sur les statues même des dieux, de choisir entre les lois, entre les femmes ! Vous, paresseux, aux tranchées : la guerre est le triomphe de la paresse. Vous, hommes diligents, vous avez l'intendance. Vous, qui aimez les beaux enfants, vous savez qu'après les guerres un mystère veut qu'il naisse plus de garçons que de filles, excepté chez les Amazones... Ah! j'aperçois là-bas, dans cette chaumière, la première lampe que le cri de la guerre ait allumée... Voilà la seconde, la troisième, toutes s'allument. Premier incendie de la guerre, le plus beau, qui incendie la ligne des familles!... Levez-vous, rassemblez-vous. Car qui oserait preférer à la gloire d'aller pour la patrie souffrir de la faim, souffrir de la soif, s'enliser dans les boues, mourir, la perspective de rester loin du combat, dans la nourriture et la tranquillité...

LE TROMPETTE. — Moi.

LE GUERRIER. — D'ailleurs ne craignez rien. Le civil s'exagère les dangers de la guerre. On m'affirme que se réalisera enfin cette fois ce dont est persuadé chaque soldat au départ pour la guerre : que, par un concours divin de circonstances, il n'y aura pas un mort et que tous les blessés le seront au bras gauche, excepté les gauchers. Formez vos compagnies !... C'est là le grand mérite des patries, en réunissant les êtres éparpillés, d'avoir remplacé le duel par la guerre. Ah ! que la paix se sent honteuse, elle qui accepte pour la mort les vieillards, les malades, les infirmes, de voir que la guerre n'entend livrer au trépas que des hommes vigoureux, et parvenus au point de santé le plus haut où puissent parvenir des hommes... C'est cela : Mangez, buvez un peu, avant votre départ... Ah ! qu'il est bon à la langue le restant de pâté de lièvre arrosé de vin blanc, entre l'épouse en larmes et les enfants qui sortent du lit un par un, par ordre d'âge, comme ils sont sortis du néant ! Guerre : Salut !

LE TROMPETTE. — Voilà Sosie !

LE GUERRIER. — Ton maître est prêt ?

SOSIE. — Il est prêt. C'est ma maîtresse qui n'est pas tout à fait prête. Il est plus facile de revêtir l'uniforme de la guerre que celui de l'absence.

LE GUERRIER. — Elle est de celles qui pleurent ?

SOSIE. — De celles qui sourient. Mais les épouses guérissent plus facilement des larmes que d'un tel sourire. Les voilà...

LE GUERRIER. — En route !

SCÈNE TROISIÈME

Alcmène. Amphitryon.

ALCMÈNE. — Je t'aime, Amphitryon.

AMPHITRYON. — Je t'aime, Alcmène.

ALCMÈNE. — C'est bien là le malheur ! Si nous avions chacun un tout petit peu de haine l'un pour l'autre, cette heure en serait moins triste.

AMPHITRYON. — Il n'y a plus à nous le dissimuler, femme adorée, nous ne nous haïssons point.

ALCMÈNE. — Toi, qui vis près de moi toujours distrait, sans te douter que tu as une femme parfaite, tu vas enfin penser à moi dès que tu seras loin, tu le promets ?

AMPHITRYON. — J'y pense déjà, chérie.

ALCMÈNE. — Ne te tourne pas ainsi vers la lune. Je suis jalouse d'elle. Quelles pensées prendrais-tu d'ailleurs de cette boule vide ?

AMPHITRYON. — De cette tête blonde, que vais-je prendre ?

ALCMÈNE. — Deux frères : le parfum et le souvenir... Comment ! tu t'es rasé ? On se rase maintenant pour aller à la guerre ? Tu comptes paraître plus redoutable, avec la peau poncée ?

AMPHITRYON. — J'abaisserai mon casque. La Méduse y est sculptée.

ALCMÈNE.— C'est le seul portrait de femme que je te permette. Oh! tu t'es coupé, tu saignes! Laisse-moi boire sur toi le premier sang de cette guerre... Vous buvez encore votre sang, entre adversaires ?

AMPHITRYON. — A notre santé mutuelle, oui.

ALCMÈNE. — Ne plaisante pas. Abaisse plutôt ce casque, que je te regarde avec l'œil d'un ennemi.

AMPHITRYON. — Apprête-toi à frémir!

ALCMÈNE. — Que la Méduse est peu effrayante, quand elle regarde avec tes yeux!... Tu la trouves intéressante, cette façon de natter ses cheveux ?

AMPHITRYON. — Ce sont des serpents taillés en plein or.

ALCMÈNE. — En vrai or?

AMPHITRYON. — En or vierge, et les cabochons sont deux émeraudes.

ALCMÈNE. — Méchant mari, comme tu es coquet avec la guerre! Pour elle les bijoux, les joues lisses. Pour moi, la barbe naissante, l'or non vierge! Et tes jambières, en quoi sont-elles?

AMPHITRYON. — En argent. Les nielles, de platine.

ALCMÈNE. — Elles ne te serrent pas? Tes jambières d'acier sont bien plus souples pour la course.

AMPHITRYON. — Tu as vu courir des généraux en chef?

ALCMÈNE. — En somme, tu n'as rien de ta femme sur toi. Tu ne t'habillerais pas autrement, pour un rendez-vous. Avoue-le, tu vas combattre les Amazones. Si tu mourrais au milieu de ces excitées, cher époux, on ne trouverait sur toi rien de ta femme, aucun souvenir, aucune marque... Quelle vexation pour moi!... Je vais te mordre au bras, avant ton départ... Quelle tunique portes-tu, sous ta cuirasse?

AMPHITRYON. — L'églantine, avec les galons noirs.

ALCMÈNE. — Voilà donc ce que j'aperçois à travers les joints, quand tu respires et qu'ils s'ouvrent, et qui te fait cette chair d'aurore !... Respire, respire encore, et laisse-moi entrevoir ce corps rayonnant au fond de cette triste nuit... Tu restes encore un peu, tu m'aimes?

AMPHITRYON. — Oui, j'attends mes chevaux.

ALCMÈNE. — Relève un peu ta Méduse. Essaie-là sur les étoiles. Regarde, elles n'en scintillent que mieux. Elles ont de la chance. Elles s'apprêtent à te guider.

AMPHITRYON. — Les généraux ne lisent pas leur chemin dans les étoiles.

ALCMÈNE. — Je sais. Ce sont les amiraux... Laquelle choisis-tu, pour que nos yeux se portent sur elle, demain et chaque soir, à cette heure de la nuit? Même s'ils me parviennent par une aussi lointaine et banale entremise, j'aime tes regards.

AMPHITRYON. — Choisissons!.. Voici Vénus, notre amie commune.

ALCMÈNE. — Je n'ai pas confiance en Vénus. Tout ce qui touche mon amour, j'en aurai soin moi-même.

AMPHITRYON. — Voici Jupiter, c'est un beau nom!

ALCMÈNE. — Il n'y en a pas une sans nom?

AMPHITRYON. — Cette petite là-bas, appelée par tous les astronomes l'étoile anonyme.

ALCMÈNE. — Cela aussi est un nom... Laquelle a lui sur tes victoires? Parle-moi de tes victoires, chéri... Comment les gagnes-tu ? Dis à ton épouse ton secret ! Tu les gagnes en chargeant, en criant mon nom, en forçant cette barrière ennemie au-delà de laquelle seulement se retrouve tout ce qu'on a laissé derrière soi, sa maison, ses enfants, sa femme ?

AMPHITRYON. — Non, chérie.

ALCMÈNE. — Explique !

AMPHITRYON. — Je les gagne par l'enveloppement de l'aile gauche avec mon aile droite, puis par le sectionnement de leur aile droite entière par mes trois quarts d'aile gauche, puis par des glissements répétés de ce dernier quart d'aile, qui me donne la victoire.

ALCMÈNE. — Quel beau combat d'oiseaux ! Combien en as-tu gagné, aigle chéri ?

AMPHITRYON. — Une, une seule.

ALCMÈNE. — Cher époux, auquel un seul triomphe a valu plus de gloire qu'à d'autres une vie de conquêtes! Demain c·la fera deux, n'est-ce pas? Car tu vas revenir, tu ne seras pas tué!

AMPHITRYON. — Demande au destin.

ALCMÈNE. — Tu ne seras pas tué! Ce serait trop injuste. Les généraux en chef ne devraient pas être tués!

AMPHITRYON. — Pourquoi?

ALCMÈNE. — Comment, pourquoi? Ils ont les femmes les plus belles, les palais les mieux tenus, la gloire. Tu as la plus lourde vaisselle d'or de Grèce, chéri. Une vie humaine n'a pas à s'envoler sous ce poids...Tu as Alcmène!

AMPHITRYON. — Aussi penserai-je à Alcmène pour mieux tuer mes ennemis.

ALCMÈNE. — Tu les tues comment?

AMPHITRYON. — Je les atteins avec mon javelot, je les abats avec ma lance, et je les égorge avec mon épée, que je laisse dans la plaie...

Alcmène. — Mais tu es désarmé après chaque mort d'ennemi comme l'abeille après sa piqûre... ! Je ne vais plus dormir, ta méthode est trop dangereuse !... Tu en as tué beaucoup ?

Amphitryon. — Un, un seul.

Alcmène. — Tu es bon, chéri ! C'était un roi, un général ?

Amphitryon. — Non. Un simple soldat.

Alcmène. — Tu es modeste ! Tu n'as pas de ces préjugés qui, même dans la mort, isolent les gens par caste... Lui as-tu laissé une minute, entre la lance et l'épée pour qu'il te reconnaisse et comprenne à quel honneur tu daignais ainsi l'appeler ?

Amphitryon. — Oui, il regardait ma Méduse, lèvres sanglantes, d'un pauvre sourire respectueux.

Alcmène. — Il t'a dit son nom, avant de mourir ?

AMPHITRYON. — C'était un soldat anonyme. Ils sont un certain nombre comme cela ; c'est juste le contraire des étoiles.

ALCMÈNE. — Pourquoi n'a-t-il pas dit son nom ? Je lui aurais élevé un monument dans le palais. Toujours, son autel aurait été pourvu d'offrandes et de fleurs. Aucune ombre aux enfers n'aurait été plus choyée que le tué de mon époux... Ah ! cher mari, je me réjouis que tu sois l'homme d'une seule victoire, d'une seule victime. Car peut-être aussi es-tu l'homme d'une seule femme... Ce sont tes chevaux !... Embrasse-moi...

AMPHITRYON. — Non, les miens vont l'amble. Mais je peux t'embrasser quand même. Doucement, chérie, ne te presse pas trop fort contre moi ! Tu te ferais mal. Je suis un mari de fer.

ALCMÈNE. — Tu me sens, à travers ta cuirasse ?

Amphitryon. — Je sens ta vie et ta chaleur. Par tous les joints où peuvent m'atteindre les flèches, tu m'atteins. Et toi ?

Alcmène. — Un corps aussi est une cuirasse. Souvent, étendue dans tes bras même, je t'ai senti plus lointain et plus froid qu'aujourd'hui.

Amphitryon. — Souvent aussi, Alcmène, je t'ai pressée plus triste et plus désolée contre moi. Et cependant je partais pour la chasse, et non pour la guerre... Voilà que tu souris !... On dirait que cette annonce subite de la guerre t'a soulagée de quelque angoisse.

Alcmène. — Tu n'as pas entendu, l'autre matin, sous notre fenêtre, cet enfant pleurer ? Tu n'as pas vu là un sinistre présage ?

Amphitryon. — Le présage commence au coup de tonnerre dans le ciel serein, et encore avec l'éclair triple.

Alcmène. — Le ciel était serein, et cet enfant pleurait... Pour moi c'est le pire présage.

Amphitryon. — Ne sois pas superstitieuse, Alcmène! Tiens-t'en aux prodiges officiels. Ta servante a-t-elle donné naissance à une fille cousue et palmée?

Alcmène. — Non, mais mon cœur se serrait, des larmes coulaient de mes yeux au moment où je croyais rire... J'avais la certitude qu'une menace terrible planait au-dessus de notre bonheur... Grâce à Dieu, c'était la guerre, et j'en suis presque soulagée, car la guerre au moins est un danger loyal, et j'aime mieux les ennemis à glaives et à lances. Ce n'était que la guerre!

Amphitryon. — Que pouvais-tu craindre, à part la guerre? Nous avons la chance de vivre jeunes sur une planète encore jeune, où les méchants n'en sont qu'aux méchancetés primaires, aux viols, aux parricides, aux incestes... Nous sommes aimés ici... La mort nous trouvera tous deux unis contre elle... Que pouvait-on bien menacer autour de nous ?

ALCMÈNE. — Notre amour ! Je craignais que tu ne me trompes. Je te voyais dans les bras des autres femmes.

AMPHITRYON. — De toutes les autres ?

ALCMÈNE. — Une ou mille, peu importe. Tu étais perdu pour Alcmène. L'offense était la même.

AMPHITRYON. — Tu es la plus belle des Grecques.

ALCMÈNE. — Aussi n'était-ce pas les Grecques que je craignais. Je craignais les déesses, et les étrangères.

AMPHITRYON. — Tu dis ?

ALCMÈNE. — Je craignais d'abord les déesses. Quand elles naissent soudain du ciel ou des eaux, roses sans fard, nacrées sans poudre, avec leurs jeunes gorges et leurs regards de ciel, et qu'elles vous enlacent soudain de chevilles, de bras plus blancs que la neige et plus puissants que des leviers, il doit être bien difficile de leur résister, n'est-ce pas ?

AMPHITRYON. — Pour tout autre que moi, évidemment !

ALCMÈNE. — Mais, comme tous les dieux, elles se vexent d'un rien, et veulent être aimées. Tu ne les aimais pas.

AMPHITRYON. — Je n'aimais pas non plus les étrangères.

ALCMÈNE. — Elles t'aimaient ! Elles aiment tout homme marié, tout homme qui appartient à une autre, fût-ce à la science ou à la gloire. Quand elles arrivent dans nos villes, avec leurs superbes bagages, les belles à peu près nues sous leur soie ou leur fourrure, les laides portant arrogamment leur laideur comme une beauté parce que c'est une laideur étrangère, c'en est fini, dans l'armée et dans l'art, de la paix des ménages. Car le goût de l'étranger agit plus puissant sur un homme que le goût du foyer. Comme un aimant, les étrangères attirent sur elles les pierres précieuses, les manuscrits rares, les plus belles fleurs, et les mains des maris... Et elles s'adorent elles-mêmes, car elles restent étrangères à elles-mêmes... Voilà ce que je redoutais pour toi, cher époux, quand j'étais harcelée par tous ces presages! Je craignais tous les noms de saisons, de fruits, de plaisirs prononcés par un accent nouveau, je craignais tous les actes de l'amour touchés d'un parfum ou d'une hardiesse inconnus : je craignais une étrangère!... Or, c'est la guerre qui vient, presque une amie. Je lui dois de ne pas pleurer devant elle.

AMPHITRYON. — O Alcmène, femme chérie, sois satisfaite! Lorsque je suis auprès de toi, tu es mon étrangère, et tout à l'heure, dans la bataille, je te sentirai mon épouse. Attends-moi donc sans crainte. Je serai bientôt revenu, et ce sera pour toujours. Une guerre est toujours la dernière des guerres. Celle-ci est une guerre entre voisins ; elle sera brève. Nous vivrons heureux dans notre palais, et quand l'extrême vieillesse sera là, j'obtiendrai d'un dieu, pour la prolonger, qu'il nous change en arbres, comme Philémon et Baucis.

ALCMÈNE. — Cela t'amusera de changer de feuilles chaque année ?

AMPHITRYON. — Nous choisirons des feuillages toujours verts, le laurier me va bien.

ALCMÈNE. — Et nous vieillirons, et l'on nous coupera, et l'on nous brûlera ?

AMPHITRYON. — Et les cendres de nos branches et de nos écorces se mêleront !

ALCMÈNE. — Alors autant unir dès la fin de notre vie humaine les cendres de nos chairs et de nos os !

On entend le pas des chevaux.

AMPHITRYON. — Cette fois, ce sont eux... Il faut partir.

ALCMÈNE. — Qui, eux ? Ton ambition, ton orgueil de chef, ton goût du carnage et de l'aventure ?

AMPHITRYON. — Non, simplement Elaphocéphale et Hypsipila, mes chevaux.

ALCMÈNE. — Alors, pars ! J'aime mieux te voir partir sur ces croupes débonnaires.

AMPHITRYON. — Tu ne me dis rien d'autre !

ALCMÈNE. — N'ai-je pas tout dit ? Que font les autres épouses ?

AMPHITRYON. — Elles affectent de plaisanter. Elles tendent votre bouclier en disant : — Reviens dessus ou dessous. Elles vous crient : — N'aie d'autre peur que de voir tomber le ciel sur ta tête ! Ma femme serait-elle mal douée pour les mots sublimes ?

ALCMÈNE. — J'en ai peur. Trouver une phrase qui irait moins à toi qu'à la postérité, j'en suis bien incapable. Tout ce que je peux te dire, ce sont ces paroles qui meurent doucement sur toi en te touchant : Amphitryon, je t'aime, Amphitryon, reviens vite !.. D'ailleurs il n'y a plus beaucoup de place dans les phrases quand on a prononcé d'abord ton nom, il est si long...

AMPHITRYON. — Mets le nom à la fin. Adieu, Alcmène.

ALCMÈNE. — Amphitryon !

Elle reste un moment accoudée, pendant que le bruit des pas des chevaux s'éloigne ; puis se retourne et veut aller vers la maison. Mercure déguisé en Sosie, l'aborde.

SCÈNE QUATRIÈME

Alcmène. Mercure en Sosie.

MERCURE. — Alcmène, ma maîtresse.

ALCMÈNE. — Que veux-tu, Sosie ?

MERCURE. — J'ai un message pour vous, de la part de mon maître.

ALCMÈNE. — Que dis-tu ? Il est encore à portée de la voix.

MERCURE. — Justement. Personne ne doit entendre... Mon maître me charge de vous dire, premièrement qu'il feint de partir avec l'armée, deuxièmement qu'il reviendra cette nuit même, dès qu'il aura donné ses ordres. L'état-major campe à quelques lieues à peine, la guerre semble devoir être bénigne, et tous les soirs Amphitryon fera ce voyage, qu'il faut tenir secret...

ALCMÈNE. — Je ne te comprends pas, Sosie.

MERCURE. — Mon maître me charge de vous dire, princesse, qu'il feint de partir avec l'armée...

ALCMÈNE. — Que tu es bête, Sosie. Comme tu sais peu ce que doit être le secret. Il faut feindre de l'ignorer ou de ne pas l'entendre, dès qu'on le connaît.

MERCURE. — Très bien, maîtresse.

ALCMÈNE. — D'ailleurs vraiment je n'ai pas compris un mot de ce que tu disais.

MERCURE. — Il faut veiller, princesse, et attendre mon maître, car il me charge de vous dire...

ALCMÈNE. — Tais-toi, s'il te plaît, Sosie. Je vais dormir...

Elle sort, Mercure fait signe à Jupiter et l'amène sur la scène.

SCÈNE CINQUIÈME

Jupiter en Amphitryon. Mercure en Sosie.

MERCURE. — Vous les avez entendus, Jupiter ?

JUPITER. — Comment, Jupiter ? Je suis Amphitryon !

MERCURE. — Ne croyez pas m'y tromper, on devine le dieu à vingt pas.

JUPITER. — C'est la copie exacte de ses vêtements.

MERCURE. — Il s'agit bien de vêtements ! D'ailleurs, sur le chapitre vêtements aussi, vous vous trompez : Regardez-les. Vous sortez des ronces, et ils n'ont aucune éraflure. Je cherche en vain sur eux cet élan vers l'usure et vers l'avachissement qu'ont les tissus des meilleures marques le jour où on les étrenne. Vous avez des vêtements éternels. Je suis sûr qu'ils sont imperméables, qu'ils ne déteignent pas, et que si une goutte d'huile tombe sur eux de la lampe, elle ne fera aucune tache. Ce sont là les vrais miracles pour une bonne ménagère comme Alcmène, et elle ne s'y trompera pas. Tournez-vous.

JUPITER. — Que je me tourne ?

MERCURE. — Les hommes, comme les dieux, s'imaginent que les femmes ne les voient jamais que de face. Ils s'ornent de moustaches, de poitrines plastronnantes, de pendentifs. Ils ignorent que les femmes feignent d'être éblouies par cette face étincelante, mais épient de toute leur sournoiserie le dos. C'est au dos de leurs amants, quand ceux-ci se lèvent ou se retirent, au dos qui ne sait pas mentir, affaissé, courbé, qu'elles devinent leur veulerie ou leur fatigue. Vous avez un dos plus avantageux qu'une poitrine ! Il faut changer cela !

Jupiter. — Les dieux ne se tournent jamais. D'ailleurs, il fera nuit, Mercure.

Mercure. — C'est à savoir. Il ne fera pas nuit si vous gardez ainsi sur vous-même le brillant de votre divinité. Jamais Alcmène ne reconnaîtrait son mari en ce ver luisant humain.

Jupiter. — Toutes mes autres maîtresses s'y sont trompées.

Mercure. — Aucune, si vous voulez m'en croire. Avouez que vous-même n'étiez pas fâché de vous révéler à elles, par quelque exploit, ou par un de ces accès de lumière qui rendent votre corps translucide et épargnent les lampes à huile et leurs ennuis.

Jupiter. — Un dieu aussi peut se plaire à être aimé pour lui-même.

Mercure. — Je crains qu'Alcmène ne vous refuse ce plaisir. Tenez-vous à la forme de son mari.

Jupiter. — Je m'y tiendrai d'abord,

et je verrai ensuite. Car tu ne saurais croire, cher Mercure, les surprises que réserve une femme fidèle. Tu sais que j'aime exclusivement les femmes fidèles. Je suis dieu aussi de la justice, et j'estimais qu'elles avaient droit à cette compensation, et je dois te dire aussi qu'elles y comptaient. Les femmes fidèles sont celles qui attendent du printemps, des lectures, des parfums, des tremblements de terre, les révélations que les autres demandent aux amants. En somme, elles sont infidèles à leurs époux avec le monde entier, excepté avec les hommes. Alcmène ne doit pas faire exception à cette règle. Je remplirai d'abord l'office d'Amphitryon, de mon mieux, mais, bientôt, par des questions habiles sur les fleurs, sur les animaux, sur les éléments, j'arriverai à savoir lequel hante son imagination, je prendrai sa forme... et serai ainsi aimé pour moi-même... Mes vêtements vont, maintenant ?

MERCURE. — C'est votre corps entier qui doit être sans défaut... Venez là, à la lumière, que je vous ajuste votre uniforme d'homme... Plus près, je vois mal.

JUPITER. — Mes yeux sont bien ?

MERCURE. — Voyons vos yeux... Trop brillants... Ils ne sont qu'un iris, sans cornée, pas de soupçon de glande lacrymale ; — peut-être allez-vous avoir à pleurer ; — et les regards au lieu d'irradier des nerfs optiques, vous arrivent d'un foyer extérieur à vous à travers votre crâne... Ne commandez pas au soleil vos regards humains. La lumière des yeux terrestres correspond exactement à l'obscurité complète dans notre ciel... Même les assassins n'ont là que deux veilleuses... Vous ne preniez pas de prunelles, dans vos précédentes aventures ?

JUPITER. — Jamais, j'ai oublié... Comme ceci, les prunelles ?

MERCURE. — Non, non, pas de phosphore... Changez ces yeux de chat! On voit encore vos prunelles au travers de vos paupières quand vous clignez... On ne peut se voir dans ces yeux là... Mettez-leur un fond.

JUPITER. — L'aventurine ne ferait pas mal, avec ses reflets d'or.

MERCURE. — A la peau maintenant !

JUPITER. — A ma peau?

MERCURE. — Trop lisse, trop douce, votre peau... C'est de la peau d'enfant. Il faut une peau sur laquelle le vent ait trente ans soufflé, qui ait trente ans plongé dans l'air et dans la mer, bref qui ait son goût, car on la goûtera. Les autres femmes ne disaient rien, en constatant que la peau de Jupiter avait goût d'enfant?

JUPITER. — Leurs caresses n'en étaient pas plus maternelles.

MERCURE. — Cette peau-là ne ferait

pas deux voyages.... Et resserrez un peu votre sac humain, vous y flottez !

JUPITER. — C'est que cela me gêne... Voilà que je sens mon cœur battre, mes artères se gonfler, mes veines s'affaisser..... Je me sens devenir un filtre, un sablier de sang.... L'heure humaine bat en moi à me meurtrir. J'espère que mes pauvres hommes ne souffrent pas cela.....

MERCURE. — Le jour de leur naissance et le jour de leur mort.

JUPITER. — Très désagréable, de se sentir naître et mourir à la fois.

MERCURE. — Ce ne l'est pas moins, par opération séparée.

JUPITER. — As-tu maintenant l'impression d'être devant un homme ?

MERCURE. — Pas encore. Ce que je constate surtout, devant un homme, devant un corps vivant d'homme, c'est qu'il change à chaque seconde, qu'incessamment il vieillit. Jusque dans ses yeux, je vois la lumière vieillir.

JUPITER. — Essayons. Et pour m'y habituer, je me répète : je vais mourir, je vais mourir......

MERCURE. — Oh! Oh! Un peu vite! Je vois vos cheveux pousser, vos ongles s'allonger, vos rides se creuser... Là, là, plus lentement, ménagez vos ventricules. Vous vivez en ce moment la vie d'un chien ou d'un chat.

JUPITER. — Comme cela?

MERCURE. — Les battements trop espacés maintenant. C'est le rythme des poissons... Là... là... Voilà ce galop moyen, cette amble, auquel Amphitryon reconnaît ses chevaux et Alcmène le cœur de son mari....

JUPITER. — Tes dernières recommandations?

MERCURE. — Et votre cerveau ?

JUPITER. — Mon cerveau?

MERCURE. — Oui, votre cerveau... Il convient d'y remplacer d'urgence les notions divines par les humaines.... Que pensez-vous ? Que croyez-vous ? Quelles sont vos vues de l'univers, maintenant que vous êtes homme ?

JUPITER. — Mes vues de l'univers ? Je crois que cette terre plate est toute plate, que l'eau est simplement de l'eau, que l'air est simplement de l'air, la nature la nature, et l'esprit l'esprit... C'est tout ?

MERCURE. — Avez-vous le désir de séparer vos cheveux par une raie et de les maintenir par un fixatif ?

JUPITER. — En effet, je l'ai.

MERCURE. — Avez-vous l'idée que vous seul existez, que vous n'êtes sûr que de votre propre existence ?

JUPITER. — Oui. C'est même très curieux d'être ainsi emprisonné en soi-même.

MERCURE. — Avez-vous l'idée que vous pourrez mourir un jour ?

JUPITER. — Non. Que mes amis mourront, pauvres amis, hélas oui ! Mais pas moi.

MERCURE. — Avez-vous oublié toutes celles que vous avez déjà aimées ?

JUPITER. — Moi ? Aimer ? Je n'ai jamais aimé personne ! Je n'ai jamais aimé qu'Alcmène.

MERCURE. — Très bien ! Et ce ciel, qu'en pensez-vous ?

JUPITER. — Ce ciel, je pense qu'il est à moi, et beaucoup plus depuis que je suis mortel que lorsque j'étais Jupiter ! Et ce système solaire, je pense qu'il est bien petit, et la terre immense, et je me sens soudain plus beau qu'Apollon, plus brave et plus capable d'exploits amoureux que Mars, et pour la première fois, je me crois, je me vois, je me sens vraiment maître des dieux.

MERCURE. — Alors vous voilà vraiment homme !... Allez-y !

Mercure disparaît.

SCÈNE SIXIÈME

Alcmène à son balcon. Jupiter en Amphitryon.

ALCMÈNE, *bien réveillée.* — Qui frappe là ? Qui me dérange, dans mon sommeil ?

JUPITER. — Un inconnu que vous aurez plaisir à voir.

ALCMÈNE. — Je ne connais pas d'inconnus.

JUPITER. — Un général.

ALCMÈNE. — Que font les généraux à errer si tard sur les routes ? Ils sont déserteurs ? Ils sont vaincus ?

JUPITER. — Ils sont vaincus par l'amour.

ALCMÈNE. — Voilà ce qu'ils risquent en s'attaquant à d'autres qu'à des généraux! Qui êtes-vous?

JUPITER. — Je suis ton amant.

ALCMÈNE. — C'est à Alcmène que vous parlez, non à sa chambrière. Je n'ai pas d'amant... Pourquoi ce rire?

JUPITER. — Tu n'as pas tout à l'heure ouvert avec angoisse la fenêtre, et regardé dans la nuit?

ALCMÈNE. — Je regardais la nuit, justement. Je peux te dire comment elle est : douce et belle.

JUPITER. — Tu n'as pas, il y a peu de temps, d'un vase d'or, versé de l'eau glacée sur un guerrier étendu.

ALCMÈNE. — Ah! elle était glacée!... Tant mieux... C'est bien possible......

JUPITER. — Tu n'as pas, devant le portrait d'un homme, murmuré : Ah! si je pouvais, tant qu'il sera absent perdre la mémoire!

ALCMÈNE. — Je ne m'en souviens pas. Peut-être....

JUPITER. — Tu ne sens pas, sous ces jeunes étoiles, ton corps s'épanouir et ton cœur se serrer, en pensant à un homme, qui est peut-être d'ailleurs, je l'avoue, très stupide et très laid ?

ALCMÈNE. — Il est très beau, et trop spirituel. Et en effet, j'ai du miel dans la bouche quand je parle de lui. Et je me souviens du vase d'or. Et c'était lui que je voyais dans les ténèbres. Et qu'est-ce que cela prouve ?

JUPITER. — Que tu as un amant. Et il est là.

ALCMÈNE. — J'ai un époux, et il est absent. Et personne ne pénétrera dans ma chambre que mon époux. Et lui-même, s'il déguise ce nom, je ne le reçois pas.

JUPITER. — Jusqu'au ciel se déguise, à l'heure où nous sommes.

Alcmène. — Homme peu perspicace, si tu crois que la nuit est le jour masqué, la lune un faux soleil, si tu crois que l'amour d'une épouse peut se déguiser en amour du plaisir.

Jupiter. — L'amour d'une épouse ressemble au devoir. Le devoir à la contrainte. La contrainte tue le désir.

Alcmène. — Tu dis? Quel nom as-tu prononcé là?

Jupiter. — Celui d'un demi-dieu, celui du désir.

Alcmène. — Nous n'aimons ici que les dieux complets. Nous laissons les demi-dieux aux demi-jeunes filles et aux demi-épouses.

Jupiter. — Te voilà impie, maintenant?

Alcmène. — Je le suis parfois plus encore, car je me réjouis qu'il n'y ait pas dans l'Olympe un dieu de l'amour conjugal. Je me réjouis d'être une créature que les dieux n'ont pas prévue.... Au-dessus de cette joie, je ne sens pas un dieu qui plane, mais un ciel libre. Si donc tu es un amant, j'en suis désolée, mais va-t-en... Tu as l'air beau et bien fait pourtant, ta voix est douce. Que j'aimerais cette voix si c'était l'appel de la fidélité et non celui du désir! Que j'aimerais m'étendre en ces bras, s'ils n'étaient pas un piège qui se refermera brutalement sur une proie! Ta bouche aussi me semble fraîche et ardente. Mais elle ne me convaincra pas. Je n'ouvrirai pas ma porte à un amant. Qui es-tu?

JUPITER. — Pourquoi ne veux-tu pas d'amant?

ALCMÈNE. — Parce que l'amant est toujours plus près de l'amour que de l'aimée. Parce que je ne supporte ma joie que sans limites, mon plaisir que sans réticence, mon abandon que sans bornes. Parce que je ne veux pas d'esclave et que je ne veux pas de maître. Parce qu'il est mal élevé de tromper son mari, fût-ce avec lui-même. Parce que j'aime les fenêtres ouvertes et les draps frais.

JUPITER. — Pour une femme, tu sais vraiment les raisons de tes goûts. Je te félicite! Ouvre-moi!

ALCMÈNE. — Si tu n'es pas celui près de qui je m'éveille le matin et que je laisse dormir dix minutes encore, d'un sommeil pris sur la frange de ma journée, et dont mes regards purifient le visage avant le soleil et l'eau pure ; si tu n'es pas celui dont je reconnais à la longueur et au son de ses pas s'il se rase ou s'habille, s'il pense ou s'il a la tête vide, celui avec lequel je déjeune, je dîne et je soupe, celui dont le souffle, quoi que je fasse, précède toujours mon souffle d'un millième de seconde ; si tu n'es pas celui que je laisse chaque soir endormir dix minutes avant moi, d'un sommeil volé au plus vif de ma vie, afin qu'au moment même où il pénètre dans les rêves je sente son corps bien chaud et vivant, qui que tu sois, je ne t'ouvrirai point ! Qui es-tu ?

JUPITER. — Il faut bien me résigner à le dire. Je suis ton époux.

ALCMÈNE. — Comment, c'est toi, Amphitryon ! Et tu n'as pas réfléchi, en revenant ainsi, combien ta conduite était imprudente ?

JUPITER. — Personne au camp ne la soupçonne.

ALCMÈNE. — Il s'agit bien du camp ! Ne sais-tu pas à quoi un mari s'expose quand il apparaît à l'improviste, après avoir annoncé son voyage ?

JUPITER. — Ne plaisante pas.

ALCMÈNE. — Tu ne sais pas que c'est

l'heure où les bonnes épouses reçoivent dans leurs bras moites leur petit ami, pantelant de gloire et de peur ?

JUPITER. — Tes bras sont vides, et plus frais que la lune.

ALCMÈNE. — Je lui ai donné le temps de fuir, par notre bavardage. Il est présentement sur la route de Thèbes, maugréant et jurant, car il a pris sa tunique déroulée dans ses jambes nues.

JUPITER. — Ouvre à ton époux...

ALCMÈNE. — Alors tu penses entrer ainsi, parce que tu es mon époux ? As-tu des cadeaux ? As-tu des bijoux ?

JUPITER. — Tu te vendrais, pour des bijoux ?

ALCMÈNE. — A mon mari ? Avec délices ? Mais tu n'en as pas !

JUPITER. — Je vois qu'il faut que je reparte.

ALCMÈNE. — Reste ! Reste !... A une condition pourtant, Amphitryon, une condition expresse.

JUPITER. — Et que veux-tu ?

ALCMÈNE. — Que nous prononcions, devant la nuit, les serments que nous n'avons jamais faits que de jour. Depuis longtemps j'attendais cette occasion. Je ne veux pas que ce beau mobilier des ténèbres, astres, brise, noctuelles, s'imagine que je reçois ce soir un amant. Célébrons notre mariage nocturne, à l'heure où se consomment tant de fausses noces... Commence...

JUPITER. — Prononcer des serments sans prêtres, sans autels, sur le vide de de la nuit, à quoi bon !

ALCMÈNE. — C'est sur les vitres qu'on grave les mots ineffaçables. Lève le bras.

JUPITER. — Si tu savais comme les humains paraissent pitoyables aux dieux, Alcmène, à déclamer leurs serments et brandir ces foudres sans tonnerre !

Alcmène. — S'ils font de beaux éclairs de chaleur, c'est tout ce qu'ils demandent. Lève la main, et l'index plié.

Jupiter. — Avec l'index plié ! Mais c'est le serment le plus terrible, et celui par lequel Jupiter évoque les fléaux de la terre.

Alcmène. — Plie ton index, ou pars.

Jupiter. — Il faut donc que je t'obéisse. *(Il lève le bras)*. Contenez-vous, poix célestes ! Sauterelles et cancers, au temps ! C'est cette enragée de petite Alcmène qui me contraint à ce geste.

Alcmène. — Je t'écoute.

Jupiter. — Moi, Amphitryon, fils et petit-fils des généraux passés, père et aïeul des généraux futurs, agrafe indispensable dans la ceinture de la guerre et de la gloire !

Alcmène. — Moi, Alcmène, dont

les parents sont disparus, dont les enfants ne sont pas nés, pauvre maillon présentement isolé de la chaîne humaine !

JUPITER. — Je jure de faire en sorte que la douceur du nom d'Alcmène survive aussi longtemps que le fracas du mien !

ALCMÈNE. — Je jure d'être fidèle à Amphitryon, mon mari, ou de mourir !

JUPITER. — De quoi ?

ALCMÈNE. — De mourir.

JUPITER. — Pourquoi appeler la mort où elle n'a que faire ! Je t'en supplie. Ne dis pas ce mot. Il a tant de synonymes, même heureux. Ne dis pas mourir !

ALCMÈNE. — C'est dit. Et maintenant, cher mari, trève de paroles. La cérémonie est finie et je t'autorise à monter.... Que tu as été peu simple, ce soir ! Je t'attendais, la porte était ouverte. Tu avais juste à la pousser... Qu'as-tu, tu hésites ? Tu veux peut-être que je t'appelle amant ? Jamais, te dis-je !

JUPITER. — Il faut vraiment que j'entre, Alcmène ? Vraiment, tu le désires ?

ALCMÈNE. — Je l'ordonne, cher amour !

RIDEAU.

ACTE DEUXIÈME

SCÈNE PREMIÈRE

Obscurité complète. Mercure, seul, rayonnant à demi étendu sur le devant de la scène.

MERCURE. — Ainsi posté devant la chambre d'Alcmène, j'ai perçu un doux silence, une douce résistance, une douce lutte ; Alcmène porte en soi maintenant le jeune demi-dieu. Mais auprès d'aucune autre maîtresse Jupiter ne s'est ainsi attardé... Je ne sais si cette ombre vous paraît lourde, pour moi la mission de prolonger la nuit en ces lieux commence à me peser, si je pense surtout que le monde entier baigne dejà dans la lumière... Nous sommes au cœur de l'été, et il est sept heures du matin. La grande inondation du jour s'étale, profonde de milliers de lieues, jusque sur la mer, et seul entre les cubes submergés de rose, le palais reste un cône noir... Il est vraiment l'heure de réveiller mon maître, car il déteste être pressé dans son départ, et sûrement il tiendra, comme avec toutes ses amies, dans les propos de saut de lit, à révéler à Alcmène qu'il est Jupiter, pour jouir de sa surprise, et de sa fierté. J'ai d'ailleurs suggéré à Amphitryon de venir surprendre sa femme à l'aurore, de façon qu'il soit le premier témoin et le garant de l'aventure. C'est une prévenance qu'on lui doit et j'éviterai ainsi toute équivoque. A cette heure notre général se met secrètement en route, au galop de son cheval, et il sera avant une heure au palais. Montre-moi donc tes rayons, soleil, que je choisisse celui qui embrasera ces ténèbres... *(Le soleil échantillonne un à un ses rayons).* Pas celui-là! Rien de sinistre comme la lumière verte sur les amants qui s'éveillent. Chacun croit tenir un noyé en ses bras. Pas celui-là! Le violet et le pourpre sont les couleurs qui irritent les sens. Gardons-les pour ce soir. Voilà, voilà le bon, le safran! Rien ne relève comme lui la fadeur de la peau humaine... Vas-y, soleil!

La chambre d'Alcmène apparaît dans une lumière de plein soleil.

SCÈNE DEUXIÈME

Alcmène déjà debout. Amphitryon étendu sur la couche et dormant.

ALCMÈNE. — Lève-toi, chéri. Le soleil est haut.

JUPITER. — Où suis-je?

ALCMÈNE. — Où ne se croient jamais

les maris au réveil : simplement dans ta maison, dans ton lit, et près de ta femme.

JUPITER. — Le nom de cette femme ?

ALCMÈNE. — Son nom du jour est le même que son nom de la nuit, toujours Alcmène.

JUPITER. — Alcmène, la grande femme blonde, grasse à point, qui se tait dans l'amour ?

ALCMÈNE. — Oui, et qui bavarde dès l'aube, et qui va maintenant te mettre à la porte, tout mari que tu es.

JUPITER. — Qu'elle se taise, et revienne dans mes bras !

ALCMÈNE. — N'y compte pas. Les femmes grasses à point ressemblent cependant aux rêves, on ne les étreint que la nuit.

JUPITER. — Ferme les yeux et profitons de ces ténèbres.

ALCMÈNE. — Non, non, ma nuit n'est pas la nuit. Lève-toi, ou j'appelle.

Jupiter se redresse, contemple le paysage qui étincelle devant les fenêtres.

JUPITER. — Quelle nuit divine!

ALCMÈNE. — Tu es faible, ce matin, dans tes épithètes, chéri.

JUPITER. — Je dis divine!

ALCMÈNE. — Que tu dises un repas divin, une pièce de bœuf divine, soit, tu n'es pas forcé d'avoir sans cesse de l'invention. Mais, pour cette nuit, tu aurais pu trouver mieux.

JUPITER. — Qu'aurais-je pu trouver de mieux?

ALCMÈNE. — A peu près tous les adjectifs, à part ton mot divin, vraiment hors d'usage. Le mot parfait, le mot charmant. Le mot agréable surtout, qui dit bien des choses de cet ordre : quelle nuit agréable!

JUPITER. — Alors la plus agréable de

toutes nos nuits, n'est-ce pas, de beaucoup ?

ALCMÈNE. — C'est à savoir.

JUPITER. — Comment, c'est à savoir ?

ALCMÈNE. — As-tu oublié, cher mari, notre nuit de noces, le faible fardeau que j'étais dans tes bras, et cette trouvaille que nous fîmes de nos deux cœurs au milieu des ténèbres qui nous enveloppaient pour la première fois ensemble dans leur ombre ? Voilà notre plus belle nuit.

JUPITER. — Notre plus belle nuit, soit. Mais la plus agréable, c'est bien celle-ci.

ALCMÈNE. — Crois-tu ? Et la nuit où un grand incendie se déclara dans Thèbes, d'où tu revins dans l'aurore, doré par elle, et tout chaud comme un pain. Voilà notre nuit la plus agréable, et pas une autre !

JUPITER. — Alors, la plus étonnante, si tu veux ?

ALCMÈNE. — Pourquoi étonnante? Oui, celle d'avant-hier, quand tu sauvas de la mer cet enfant que le courant déportait, et que tu revins, luisant de varech et de lune, tout salé par les dieux et me sauvant toute la nuit à bras le corps dans ton sommeil... Cela était assez étonnant!.. Non, si je voulais donner un adjectif à cette nuit, mon chéri, je dirais qu'elle fut conjugale. Il y avait en elle une sécurité qui m'égayait. Jamais je n'avais été aussi certaine de te retrouver au matin bien rose, bien vivant, avide de ton petit déjeuner et il me manquait cette appréhension divine, que je ressens pourtant toutes les fois, de te voir à chaque minute mourir dans mes bras.

JUPITER. — Je vois que les femmes aussi emploient le mot divine?...

ALCMÈNE. — Après le mot appréhension, toujours.

Un silence.

JUPITER. — Quelle belle chambre !

ALCMÈNE. — Tu l'apprécies surtout le matin où tu y es en fraude.

JUPITER. — Comme les hommes sont habiles ! Par ce système de pierres transparentes et de fenêtres, ils arrivent, sur une planète relativement si peu éclairée, à voir plus clair dans leurs maisons qu'aucun être au monde.

ALCMÈNE. — Tu n'es pas modeste, chéri. C'est toi qui l'as inventé.

JUPITER. — Et quel beau paysage !

ALCMÈNE. — Celui-là tu peux le louer, il n'est pas de toi.

JUPITER. — Et de qui est-il ?

ALCMÈNE. — Du maître des Dieux.

JUPITER. — On peut savoir son nom ?

ALCMÈNE. — Jupiter.

JUPITER. — Comme tu prononces bien les noms des dieux ! Qui t'a appris à les mâcher ainsi des lèvres comme une nourriture divine ? On dirait une brebis qui a cueilli le cytise et, la tête haute, le broûte. Mais c'est le cytise qui est parfumé par ta bouche. Répète. On dit que les dieux ainsi appelés répondent quelquefois par leur présence même.

ALCMÈNE. — Neptune! Apollon!

JUPITER. — Non, le premier, répète!

ALCMÈNE. — Laisse-moi brouter tout l'Olympe... D'ailleurs j'aime surtout prononcer les noms des dieux par couples : Mars et Vénus. Jupiter et Junon... Alors je les vois défiler sur la crête des nuages, éternellement, se tenant par la main... Cela doit être superbe!

JUPITER. — Et d'une gaîté... Alors tu trouves beau, cet ouvrage de Jupiter, ces falaises, ces rocs ?

ALCMÈNE. — Très beau. Seulement l'a-t-il fait exprès ?

JUPITER. — Tu dis!

ALCMÈNE. — Toi tu fais tout exprès, chéri, soit que tu entes tes cerisiers sur tes prunes, soit que tu imagines un sabre à deux tranchants. Mais crois-tu que Jupiter ait su vraiment, le jour de la création, ce qu'il allait faire ?

JUPITER. — On l'assure.

ALCMÈNE. — Il a créé la terre. Mais la beauté de la terre se crèe elle-même, à chaque minute. Ce qu'il y a de prodigieux en elle, c'est qu'elle est éphémère : Jupiter est trop sérieux pour avoir voulu créer de l'éphémère.

JUPITER. — Peut-être te représentes-tu mal la création.

ALCMÈNE. — Aussi mal, sans doute, que la fin du monde. Je suis à égale distance de l'une et de l'autre et je n'ai pas plus de mémoire que de prévision. Tu te la représentes, toi, chéri ?

JUPITER. — Je la vois... Au début, régnait le chaos... L'idée vraiment géniale de Jupiter, c'est d'avoir pensé à le dissocier en quatre éléments.

ALCMÈNE. — Nous n'avons que quatre éléments ?

JUPITER. — Quatre, et le premier est l'eau, et ce ne fut pas le plus simple à créer, je te prie de le croire ! Cela semble naturel, à première vue, l'eau. Mais imaginer de créer l'eau, avoir l'idée de l'eau, c'est autre chose !

ALCMÈNE. — Que pleuraient les déesses, à cette époque, du bronze ?

JUPITER. — Ne m'interromps pas. Je tiens à bien te montrer ce qu'était Jupiter. Il peut t'apparaître tout d'un coup. Tu n'aimerais pas qu'il t'expliquât cela lui-même, dans sa grandeur ?

ALCMÈNE. — Il a dû l'expliquer trop souvent. Tu y mettras plus de fantaisie.

JUPITER. — Où en étais-je ?

ALCMÈNE. — Nous avions presque fini, au chaos originel...

JUPITER. — Ah oui! Jupiter eut soudain l'idée d'une force élastique et incompressible, qui comblerait les vides, et amortirait tous les chocs d'une atmosphère encore mal réglée.

ALCMÈNE. — L'idée de l'écume, elle est de lui ?

JUPITER. — Non, mais l'eau une fois née, il lui vint à l'esprit de la border par des rives, irrégulières, pour briser les tempêtes, et de semer sur elle, afin que l'œil des dieux ne fut pas toujours agacé par un horizon miroitant, des continents, solubles ou rocailleux. La terre était créée, et ses merveilles...

ALCMÈNE. — Et les pins ?

JUPITER. — Les pins ?

ALCMÈNE. — Les pins parasols, les pins cèdres, les pins cyprès, toutes ces masses vertes ou bleues sans lesquelles un paysage n'existe pas... et l'écho ?

JUPITER. — L'écho ?

Alcmène. — Tu réponds comme lui. Et les couleurs, c'est lui qui a créé les couleurs ?

Jupiter. — Les sept couleurs de l'arc-en-ciel, c'est lui.

Alcmène. — Je parle du mordoré, du pourpre, du vert lézard, mes préferées ?

Jupiter. —Il a laissé ce soin aux teinturiers. Mais, recourant aux vibrations diverses de l'éther, il a fait que par les chocs de doubles chocs molléculaires, ainsi que par les contreréfractions des réfractions originelles, se tendissent à travers l'univers mille réseaux différents de son ou de couleur, perceptibles ou non (après tout il s'en moque !) aux organes humains.

Alcmène. — C'est exactement ce que je disais.

Jupiter. — Que disais-tu ?

Alcmène. — Qu'il n'a rien fait ! Que nous plonger dans un terrible assemblage de stupeurs et d'illusions, où nous devons nous tirer seuls d'affaires, moi et mon cher mari.

JUPITER. — Tu es impie, Alcmène, sache que les dieux t'entendent !

ALCMÈNE. — L'acoustique n'est pas la même pour les dieux que pour nous. Le bruit de mon cœur couvre sûrement pour des êtres suprêmes celui de mon bavardage, puisque c'est celui d'un cœur simple et droit. D'ailleurs pourquoi m'en voudraient-ils ? Je n'ai pas à nourrir de reconnaissance spéciale à Jupiter sous le prétexte qu'il a créé quatre éléments au lieu des vingt qu'il nous faudrait, puisque de toute éternité c'etait son rôle, tandis que mon cœur peut déborder de gratitude envers Amphitryon, mon cher mari, qui a trouvé le moyen, entre ses batailles, de créer un système de poulies pour fenêtres et d'inventer une nouvelle greffe pour les vergers. Tu as modifié pour moi le goût d'une cerise, le calibre d'un rayon : c'est toi mon créateur. Qu'as-tu à me regarder, de cet œil ? Les compliments te déçoivent toujours. Tu n'es orgueilleux que pour moi. Tu me trouves trop terrestre, dis ?

JUPITER, *se levant, très solennel.* — Tu n'aimerais pas l'être moins ?

ALCMÈNE. — Cela m'éloignerait de toi.

JUPITER. — Tu n'as jamais désiré être déesse, ou presque déesse ?

ALCMÈNE. — Certes non. Pourquoi faire ?

JUPITER. — Pour être honorée et révérée de tous.

ALCMÈNE. — Je le suis comme simple femme, c'est plus méritoire.

JUPITER. — Pour être d'une chair plus légère, pour marcher sur les airs, sur les eaux.

ALCMÈNE. — C'est ce que fait toute épouse, alourdie d'un bon mari.

JUPITER. — Pour comprendre les raisons des choses, des autres mondes.

ALCMÈNE. — Les voisins ne m'ont jamais intéressée.

JUPITER. — Alors, pour être immortelle!

ALCMÈNE. — Immortelle? A quoi bon? A quoi cela sert-il?

JUPITER. — Comment, à quoi! Mais à ne pas mourir!

ALCMÈNE. — Et que ferai-je, si je ne meurs pas?

JUPITER. — Tu vivras éternellement, chère Alcmène, changée en astre; tu scintilleras dans la nuit jusqu'à la fin du monde.

ALCMÈNE. — Qui aura lieu?

JUPITER. — Jamais.

ALCMÈNE. — Charmante soirée! Et toi, que feras-tu?

JUPITER. — Ombre sans voix, fondue

dans les brumes de l'enfer, je me réjouirai de penser que mon épouse flamboie là-haut, dans l'air sec.

ALCMÈNE. — Tu préfères d'habitude les plaisirs mieux partagés... Non, chéri, que les dieux ne comptent pas sur moi pour cet office... L'air de la nuit ne vaut d'ailleurs rien à mon teint de blonde... Ce que je serais crevassée, au fond de l'éternité !

JUPITER. — Mais que tu seras froide et vaine, au fond de la mort !

ALCMÈNE. — Je ne crains pas la mort. C'est l'enjeu de la vie. Puisque ton Jupiter, à tort ou à raison, a créé la mort sur la terre, je me solidarise avec mon astre. Je sens trop mes fibres continuer celles des autres hommes, des animaux, même des plantes, pour ne pas suivre leur sort. Ne me parle pas de ne pas mourir tant qu'il n'y aura pas un légume immortel. Devenir immortel, c'est trahir, pour un humain. D'ailleurs, si je pense au grand repos que donnera la mort à toutes nos petites fatigues, à nos ennuis de second ordre, je lui suis reconnaissante de sa plénitude, de son abondance même... S'être impatienté soixante ans pour des vêtements mal teints, des repas mal réussis, et avoir enfin la mort, la constante, l'étale mort, c'est une récompense hors de toute proportion... Pourquoi me regardes-tu soudain de cet air respectueux ?

JUPITER. — C'est que tu es le premier être vraiment humain que je rencontre...

ALCMÈNE. — C'est ma spécialité, parmi les hommes ; tu ne crois pas si bien dire. De tous ceux que je connais, je suis en effet celle qui approuve et aime le mieux son destin. Il n'est pas une péripétie de la vie humaine que je n'admette, de la naissance à la mort, j'y comprends même les repas de famille. J'ai des sens mesurés, et qui ne s'égarent pas. Je suis sûre que je suis la seule humaine qui voie à leur vraie taille les fruits, les araignées, et goûte les joies à leur vrai goût. Et il en est de même de mon intelligence. Je ne sens pas en elle cette part de jeu ou d'erreur, qui provoque, sous l'effet du vin, de l'amour, ou d'un beau voyage, le désir de l'éternité.

JUPITER. — Mais tu n'aimerais pas avoir un fils moins humain que toi, un fils immortel ?

ALCMÈNE. — Il est humain de désirer un fils immortel.

JUPITER. — Un fils qui deviendrait le plus grand des héros, qui, dès sa petite enfance, s'attaquerait à des lions, à des monstres ?

ALCMÈNE. — Dès sa petite enfance ! Il aura dans sa petite enfance une tortue et un barbet.

JUPITER. — Qui tuerait des serpents énormes, venus pour l'étrangler dans son berceau ?

Alcmène. — Il ne serait jamais seul. Ces aventures n'arrivent qu'aux fils des femmes de ménage... Non, je le veux faible, gémissant doucement, et qui ait peur des mouches... Qu'as-tu, à t'agiter ainsi ?

Jupiter. — Parlons sérieusement, Alcmène. Est-il vrai que tu préférerais te tuer, plutôt que d'être infidèle à ton mari ?

Alcmène. — Tu n'es pas gentil d'en douter !

Jupiter. — C'est très dangereux de se tuer !

Alcmène. — Pas pour moi, et je t'assure, mari chéri, qu'il n'y aura rien de tragique dans ma mort. Qui sait ? Elle aura peut-être lieu ce soir, en ce lieu même, si tout à l'heure le dieu de la guerre t'atteint, ou pour toute autre raison ; mais je veillerai à ce que les spectateurs emportent de son spectacle, au lieu d'un cauchemar, une sérénité. Il y a sûrement une façon, pour les cadavres, de sourire ou de croiser les mains qui arrange tout.

JUPITER. — Mais tu pourrais entraîner dans la mort un fils conçu de la veille, à demi-vivant !

ALCMÈNE. — Ce ne serait pour lui qu'une demi-mort. Il y gagnerait sur son lot futur.

JUPITER. — Et tu parles de tout cela si simplement, si posément, sans y avoir réfléchi ?

ALCMÈNE. — Sans y avoir réfléchi ? On se demande parfois à quoi pensent ces jeunes femmes toujours riantes, gaies, et grasses à point, comme tu l'assures. Au moyen de mourir sans histoire et sans drame, si leur amour est humilié ou déçu...

JUPITER, *il se lève majestueusement.* — Ecoutez bien, chère Alcmène. Vous êtes pieuse et je vois que vous pouvez comprendre les mystères du monde. Il faut que je vous parle...

ALCMÈNE. — Non, non, Amphitryon chéri! Voilà que tu me dis vous. Je sais trop à quoi mène ce vous solennel. C'est ta façon d'être tendre. Elle m'intimide. Tâche plutôt, la fois prochaine, de trouver un tutoiement à l'intérieur du tutoiement lui-même.

JUPITER. — Ne plaisantez pas. J'ai à vous parler des dieux.

ALCMÈNE. — Des dieux!

JUPITER. — Il est temps que je vous rende clairs leurs rapports avec les hommes, les hypothèques imprescriptibles qu'ils ont sur les habitants de la terre et leurs épouses.

ALCMÈNE. — Tu deviens fou! Tu vas parler des dieux au seul moment du jour où les humains, ivres de soleil, lancés vers le labour ou la pêche, ne sont plus qu'à l'humanité. D'ailleurs l'armée t'attend. Il te reste juste quelques heures si tu veux tuer des ennemis à jeun. Pars, chéri, pour me retrouver plus vite ; et d'ailleurs la maison m'appelle, mon mari. J'ai ma visite d'intendante à faire... Si vous restez, cher Monsieur, j'aurai à vous parler aussi de façon solennelle, non des dieux, mais de mes bonnes. Je crois bien qu'il va falloir nous séparer de Nenetza. Outre sa manie de ne nettoyer dans les mosaïques que les carreaux de couleur noire, elle a cédé, comme vous le dites, aux dieux, et elle est enceinte.

JUPITER. — Alcmène ! chère Alcmène ! Les dieux apparaissent à l'heure précise où nous les attendons le moins.

ALCMÈNE. — Amphitryon, cher mari ! Les femmes disparaissent à la seconde où nous croyons les tenir !

JUPITER. — Leur colère est terrible. Ils n'acceptent ni les ordres ni la moquerie !

Alcmène. — Mais toi tu acceptes tout, chéri, et c'est pour cela que je t'aime... Même un baiser de loin, à la main !... A ce soir... Adieu...

Elle sort. Mercure entre.

SCÈNE TROISIÈME

Jupiter. Mercure.

Mercure. — Que se passe-t-il, Jupiter ? Je m'attendais à vous voir sortir de cette chambre dans votre gloire, comme des autres chambres, et c'est Alcmène qui s'évade, vous sermonnant, et nullement troublée ?

Jupiter. — On ne saurait prétendre qu'elle le soit.

Mercure. — Que veut dire ce pli vertical entre vos yeux ? C'est un stigmate de tonnerre ? C'est l'annonce d'une menace que vous nourrissez contre l'humanité ?

JUPITER. — Ce pli ?... C'est une ride.

MERCURE. — Jupiter ne peut avoir de rides ; celle-là vous reste du corps d'Amphitryon.

JUPITER. — Non, non, cette ride m'appartient et je sais maintenant d'où les hommes les tirent, ces rides qui nous intriguaient tous, de l'innocence et du plaisir.

MERCURE. — Mais vous semblez las, Jupiter, vous êtes voûté.

JUPITER. — Cela est lourd à porter, une ride !

MERCURE. — Eprouveriez-vous enfin ce célèbre délabrement que donne aux hommes l'amour ?

JUPITER. — Je crois que j'éprouve l'amour.

MERCURE. — Vous êtes connu pour l'éprouver souvent !

JUPITER. — Pour la première fois, j'ai tenu dans mes bras une créature humaine sans la voir, et d'ailleurs sans l'entendre... Aussi, je l'ai comprise.

MERCURE. — Que pensiez-vous ?

JUPITER. — Que j'étais Amphitryon. C'est Alcmène qui avait remporté sur moi la victoire. Du coucher au réveil, je n'ai pu être avec elle un autre que son mari. Tout à l'heure, j'ai eu l'occasion de lui expliquer la création. Je n'ai trouvé qu'un langage de pédagogue, alors que devant toi tout mon langage divin afflue. Veux-tu que je te l'explique, tiens, la création ?

MERCURE. — Que vous la refassiez, à la rigueur, j'accepte. Mais je n'irai que jusque-là.

JUPITER. — Mercure, l'humanité n'est pas ce que pensent les dieux ! Nous croyons que les hommes sont une dérision de notre nature. Le spectacle de leur orgueil est si réjouissant, que nous leur avons fait croire qu'un conflit sévit entre les dieux et eux-mêmes. Nous avons pris une énorme peine à leur imposer l'usage du feu, pour qu'ils croient nous l'avoir volé ; à dessiner sur leur ingrate matière cérébrale des volutes compliquées pour qu'ils inventent le tissage, la roue dentée, l'huile d'olive, et s'imaginent avoir conquis sur nous ces otages... Or, ce conflit existe, et j'en suis aujourd'hui la victime.

MERCURE. — Vous vous exagérez le pouvoir d'Alcmène.

JUPITER. — Je n'exagère pas. Alcmène, la tendre Alcmène, possède une nature plus irréductible à nos lois que le roc. C'est elle le vrai Prométhée.

MERCURE. — Elle manque simplement d'imagination. C'est l'imagination qui illumine pour notre jeu le cerveau des hommes.

JUPITER. — Alcmène n'illumine pas. Elle n'est sensible ni à l'éclat, ni à l'apparence. Elle n'a pas d'imagination, et peut-être pas beaucoup plus d'intelligence. Mais il y a justement en elle quelque chose d'inattaquable et de borné qui doit être l'infini humain. Sa vie est un prisme où le patrimoine commun aux dieux et aux hommes, courage, amour, passion, se mue en qualités proprement humaines, constance, douceur, dévouement, sur lesquelles meurt notre pouvoir. Elle est la seule femme que je supporterais habillée, voilée ; dont l'absence égale exactement la présence ; dont les occupations me paraissent aussi attirantes que les plaisirs. Déjeuner en face d'elle, je parle même du petit déjeuner, lui tendre le sel, le miel, les épices, dont son sang et sa chaleur s'alimentent, heurter sa main ! fût-ce de sa cuiller ou de son assiette, voilà à quoi je pense maintenant ! Je l'aime, en un mot, et je peux bien te le dire, Mercure, son fils sera mon fils préféré.

MERCURE. — C'est ce que l'univers sait déjà.

JUPITER. — L'univers! Je pense que personne ne sait rien encore de cette aventure?

MERCURE. — Tout ce qui dans ce monde est doté d'oreilles sait que Jupiter honore aujourd'hui de sa visite Alcmène. Tout ce qui possède une langue s'occupe à le répéter. J'ai tout annoncé au lever du soleil.

JUPITER. — Tu m'as trahi! Pauvre Alcmène!

MERCURE. — J'ai agi comme pour vos autres maîtresses, et ce serait le premier de vos amours qui resterait un secret. Vous n'avez pas le droit de dissimuler aucune de vos générosités amoureuses.

JUPITER. — Qu'as-tu annoncé? Que j'avais pris hier soir la forme d'Amphitryon?

MERCURE. — Certes non. Cette ruse peu divine pourrait être mal interprétée. Comme votre désir de passer une seconde nuit dans les bras d'Alcmène éclatait à travers toutes les murailles, j'ai annoncé qu'elle recevrait ce soir la visite de Jupiter.

JUPITER. — Et à qui l'as-tu annoncé ?

MERCURE. — Aux airs, d'abord, aux eaux, comme je le dois. Ecoutez : les ondes sèches ou humides ne parlent que de cela dans leur langage.

JUPITER. — C'est tout ?

MERCURE. — Et à une vieille femme qui passait au pied du palais.

JUPITER. — La concierge sourde ? Nous sommes perdus !

MERCURE. — Pourquoi ces mots humains, Jupiter ? Vous parlez comme un amant. Alcmène a-t-elle exigé le silence jusqu'à la minute où vous la raviriez à cette terre ?

JUPITER. — C'est là mon malheur! Alcmène ne sait rien. Cent fois au cours de cette nuit j'ai cherché à lui faire entendre qui j'étais. Cent fois elle a changé, par une phrase humble ou charmante, la vérité divine en vérité humaine.

MERCURE. — Elle n'a pas eu de soupçons ?

JUPITER. — A aucun moment, et je ne supporte pas l'idée qu'elle puisse en avoir... Quels sont ces bruits ?

MERCURE. — Ma femme sourde a rempli son office. C'est Thèbes qui se prépare à fêter votre union avec Alcmène... Une procession s'organise, et semble monter au palais...

JUPITER. — Qu'elle n'y parvienne point! Détourne-là vers la mer, qui l'engloutira.

MERCURE. — Impossible, ce sont vos prêtres.

JUPITER. — Ils n'auront jamais assez de raisons de croire en moi.

MERCURE. — Vous ne pouvez rien contre les lois que vous-même avez prescrites. Tout l'univers sait que Jupiter fera aujourd'hui un fils à Alcmène. Il n'est pas mauvais qu'Alcmène en soit elle aussi informée.

JUPITER. — Alcmène ne supportera pas cela.

MERCURE. — Qu'Alcmène en souffre donc ! La cause en vaut la peine.

JUPITER. — Elle ne souffrira pas. Je n'ai aucun doute à ce sujet, elle se tuera. Et mon fils Hercule mourra du même coup... Et je serai obligé à nouveau, comme pour toi, de m'ouvrir la cuisse ou le gras du mollet pour y abriter quelques mois un fœtus. Merci bien ! La procession monte ?

MERCURE. — Lentement, mais sûrement.

JUPITER. — Pour la première fois, Mercure, j'ai l'impression qu'un honnête dieu peut être un malhonnête homme... Quels sont ces chants ?

MERCURE. — Ce sont les vierges transportées par la nouvelle, qui viennent en théorie féliciter Alcmène.

JUPITER. — Tu ne crois vraiment pas nécessaire d'engloutir ces prêtres, de frapper ces vierges d'insolation matinale ?

MERCURE. — Mais enfin que désirez-vous ?

JUPITER. — Ce que désire un homme, hélas ! Mille désirs contraires. Qu'Alcmène reste fidèle à son mari et qu'elle se donne à moi avec ravissement. Qu'elle soit chaste sous mes caresses et que des désirs interdits la brûlent à ma seule vue... Qu'elle ignore toute cette intrigue, et qu'elle l'approuve entièrement.

Mercure. — Je m'y perds... Moi, j'ai rempli ma tâche. L'univers sait, comme il était prescrit, que vous coucherez ce soir dans le lit d'Alcmène... Puis-je faire autre chose pour vous ?

Jupiter. — Oui. Que j'y couche vraiment !

Mercure. — Et avec ce fameux consentement dont vous parliez hier, sans doute ?

Jupiter. — Oui, Mercure. Il ne s'agit plus d'Hercule. L'affaire Hercule est close heureusement. Il s'agit de moi. Il faut que tu voies Alcmène, que tu la prépares à ma visite, que tu lui dépeignes mon amour... Apparais-lui... Par ton seul fluide de dieu secondaire, agite déjà à mon profit l'humanité dans son corps. Je te permets de l'approcher, de la toucher. Trouble d'abord ses nerfs, puis son sang, puis son orgueil. D'ailleurs je t'avertis, je ne quitte pas cette ville avant qu'elle ne se soit étendue de bon gré en mon honneur. Et je suis las de cette humiliante livrée ! Je viendrai en dieu.

MERCURE. — A la bonne heure, Jupiter ! Si vous renoncez à votre incognito, je puis vous assurer que, d'ici quelques minutes, je l'aurai convaincue de vous attendre au coucher du soleil. La voilà justement. Laissez-moi.

ALCMÈNE. — Oh ! Oh ! Chéri !

L'ÉCHO. — Chéri !

JUPITER. — Elle appelle ?

MERCURE. — Elle parle d'Amphitryon à son écho. Et vous dites qu'elle n'est pas coquette ! Elle parle sans cesse à cet écho. Elle a un miroir même pour ses paroles. Venez, Jupiter, elle approche.

JUPITER. — Salut, demeure chaste et pure, si chaste, si pure !... Qu'as-tu à sourire ? Tu as déjà entendu cette phrase ?

Mercure. — D'avance, oui. Je l'ai entendue d'avance. Les siècles futurs me la crient. Partons, la voilà !

SCÈNE QUATRIÈME

Alcmène et Ecclissé, la nourrice, entrent par les côtés opposés.

Alcmène. — Tu as l'air bien agité, Ecclissé.

Ecclissé. — J'apporte les verveines, maîtresses, ses fleurs préférées.

Alcmène. — Préférées de qui ? Je préfère les roses.

Ecclissé. — Vous oseriez orner cette chambre de roses, en ce jour ?

Alcmène. — Pourquoi pas ?

Ecclissé. — On m'a toujours dit que Jupiter déteste les roses. Mais peut-être après tout avez-vous raison de traiter les dieux comme de simples hommes. Cela les dresse. Je prépare le grand voile rouge ?

ALCMÈNE. — Le grand voile ? Certes non. Le voile de lin simple.

ECCLISSÉ. — Que vous êtes habile, maîtresse ! Que vous avez raison de donner au palais l'aspect de l'intimité plutôt que l'éclat des fêtes. J'ai préparé les gâteaux et versé l'ambre dans le bain.

ALCMÈNE. — Tu as bien fait. C'est le parfum préféré de mon mari.

ECCLISSÉ. — Votre mari aussi, en effet, va être très fier et très heureux.

ALCMÈNE. — Que veux-tu dire, Ecclissé ?

ECCLISSÉ. — O maîtresse chérie, voilà votre nom célèbre pour les siècles, et peut-être le mien aussi, puisque j'ai été ta nourrice. Mon lait, voilà ton fard.

ALCMÈNE. — Il est arrivé quelque bonheur à Amphitryon ?

ECCLISSÉ. — Il va lui arriver ce qu'un prince peut rêver de plus heureux pour sa gloire et son honneur.

ALCMÈNE. — La victoire ?

ECCLISSÉ. — Victoire, certes ! Et sur le plus grand des dieux ! Vous entendez ?

ALCMÈNE. — Quelle est cette musique, et ces cris ?

ECCLISSÉ. — Mais, chère maîtresse, c'est que Thèbes toute entière sait la nouvelle. Tous se réjouissent, tous se félicitent de savoir que grâce à vous, notre ville est favorisée entre toutes.

ALCMÈNE. — Grâce à ton maître !

ECCLISSÉ. — Certes lui aussi est à l'honneur !

ALCMÈNE. — Lui seul !

ECCLISSÉ. — Non, maîtresse, vous. Toute la Grèce retentit déjà de votre gloire. La voix des coqs s'est haussée d'un ton depuis ce matin, disent les prêtres. Léda, la reine de Sparte, que Jupiter aima sous la forme d'un cygne, et qui était de passage à Thèbes, demande à vous rendre visite. Ses conseils peuvent être utiles. Dois-je lui dire de monter ?

ALCMÈNE. — Certes...

ECCLISSÉ. — Ah ! maîtresse, il ne fallait pas te voir tous les jours dans ton bain, comme moi, pour penser que les dieux ne réclameraient pas un jour leur dû !

ALCMÈNE. — Je ne te comprends pas. Amphitryon est dieu ?

ECCLISSÉ. — Non, mais son fils sera demi-dieu. *(Acclamation, musiques)*. Ce sont les vierges. Elles ont distancé les prêtres dans la montée, à part ce chausson d'Alexeia, naturellement, qu'ils retiennent. Ne vous montrez pas, maîtresse, c'est plus digne... Je leur parle ?...

Si la princesse est là, mes petites ? Oui, oui, elle est là ! *(Alcmène se promène, quelque peu énervée.)* Elle est mollement étendue sur sa couche. Ses regards distraits caressent une énorme sphère d'or qui soudain pend du plafond. De la main droite elle porte à son visage un bouquet de verveine. De la gauche, elle donne à un aigle géant, qui vient d'entrer par la fenêtre, des diamants à becqueter.

ALCMÈNE. — Cesse tes plaisanteries, Ecclissé. On peut fêter une victoire sans mascarade.

ECCLISSÉ. — Son costume, vous voulez savoir son costume ? Non, elle n'est pas nue. Elle a une tunique de linge inconnu, qu'on appelle la soie, soulignée d'un rouge nouveau, appelé la garance. La ceinture ? Pourquoi n'aurait-elle pas de ceinture ? Pourquoi ce rire, là-bas, oui, toi, Alexeia ? Que je t'y reprenne ! Sa ceinture est de platine et de jais vert. Si elle lui prépare un repas ?... Son parfum ?

Alcmène. — Tu as fini, Ecclissé ?

Ecclissé. — Elles voudraient savoir ton parfum. *(Geste menaçant d'Alcmène.)* C'est un secret, mes petites, mais ce soir Thèbes en sera embaumée... Quelle ne devienne pas une étoile qu'on ne voit que tous les six mois ? Oui, je la mettrai en garde. Et comment tout cela se sera passé ? Oui, je vous le promets, vierges, je ne vous en cacherai rien. Adieu... Voilà qu'elles s'en vont, Alcmène. Elles montrent leur dos ravissant, et se retournent pour sourire ! Ah, comme un dos est éclairé par un sourire ! Les charmantes filles !

Alcmène. — Je ne t'ai jamais vue aussi folle !

Ecclissé. — Oh oui, maîtresse, folle et affolée ! Car sous quelle forme va-t-il venir ? Par le ciel, par la terre, par les eaux ? En dieu, en animal, ou en humain ?

Je n'ose plus chasser les oiseaux, il est peut-être en ce moment un des leurs. Je n'ose résister au chevreuil apprivoisé, qui m'a poursuivie et cornée. Il est là, le gentil animal, qui piaffe et brâme dans l'antichambre. Peut-être dois-je lui ouvrir ? Mais qui sait, peut-être est-il au contraire ce vent qui agite les rideaux ! J'aurais dû mettre le rideau rouge ! Peut-être est-ce lui qui effleure, en ce moment les épaules de ta vieille nourrice. Je tremble, un courant m'agite. Ah ! je suis dans le sillage d'un immortel ! O maîtresse, c'est en ceci que Jupiter aujourd'hui a été le plus habile : chacun de ses êtres et de ses mouvements peut être pris pour un dieu ! Oh ! regarde, qui entre là, par la fenêtre !

ALCMÈNE. — Tu ne vois pas que c'est une abeille... Chasse-la !

ECCLISSÉ. — Certainement non ! C'est elle ! C'est lui, veux-je dire, lui en elle, en un mot ! Ne bougez pas, maîtresse, je vous en supplie! O salut, abeille divine! Nous te devinons.

Alcmène. — Elle s'approche de moi, à l'aide!

Ecclissé. — Que tu es belle en te gardant ainsi! Ah! que Jupiter a raison de te faire danser ce pas de crainte et de jeu. Aucun ne révèle plus ta candeur et tes charmes... Sûrement elle va te piquer.

Alcmène. — Mais, je ne veux pas être piquée!

Ecclissé. — O piqûre bien-aimée! Laisse-toi piquer, ô maîtresse! Laisse-la se poser sur ta joue. Oh! c'est lui sûrement, il cherche ta poitrine! *(Alcmène abat et écrase l'abeille. Elle la pousse du pied.)* Ciel! Qu'as-tu fait? Quoi, pas de foudres, pas d'eclair! Infâme insecte, qui nous fait de ces peurs!

Alcmène. — Vas-tu m'expliquer ta conduite, Ecclissé?

Ecclissé. — Tout d'abord, maîtresse, recevez-vous les députations qui montent pour vous féliciter ?

Alcmène. — Amphitryon les recevra avec moi demain.

Ecclissé. — Evidemment, c'est plus naturel... Je reviens, maîtresse. Je vais chercher Léda.

SCÈNE CINQUIÈME

Alcmène, Mercure.

Alcmène fait quelques pas dans la chambre, un peu inquiète. Quand elle se retourne, elle voit Mercure en face d'elle.

Mercure. — Salut, princesse.

Alcmène. — Vous êtes un dieu, pour être venu ainsi, avec cette audace à la fois et cette discrétion ?

Mercure. — Un dieu mal famé, mais un dieu.

Alcmène. — Mercure, si j'en juge d'après votre visage ?

Mercure. — Merci. C'est à mes pieds que les autres humains me reconnaissent, aux ailes de mes pieds. Vous êtes plus habile ou plus apte à la flatterie.

Alcmène. — Je suis tout heureuse de voir un dieu.

Mercure. — Si vous voulez le toucher, je vous y autorise. A vos mains, moi, je reconnais que vous avez ce droit.. *(Alcmène doucement caresse les bras nus de Mercure, touche son visage.)* Je vois que les dieux vous intéressent.

Alcmène. — Toute ma jeunesse s'est passée à les imaginer, à leur faire signe. Enfin l'un d'eux est venu !.. Je caresse le ciel !.. J'aime les dieux.

Mercure. — Tous ? Je suis compris dans cette affection ?

Alcmène. — La terre s'aime en détail, le ciel en bloc... Vous d'ailleurs,

Mercure, avez un si beau nom. On dit aussi que vous êtes le dieu de l'éloquence... J'ai vu cela tout de suite, dès votre apparition.

Mercure. — A mon silence ? Votre visage aussi est une belle parole... Et vous n'avez pas un préféré parmi les dieux ?

Alcmène. — Forcément, puisque j'ai un préféré parmi les hommes...

Mercure. — Lequel ?

Alcmène. — Dois-je dire son nom ?

Mercure. — Voulez-vous que j'énumère les dieux, selon leur liste officielle, et vous m'arrêterez ?

Alcmène. — Je vous arrête. C'est le premier.

Mercure. — Jupiter ?

Alcmène. — Jupiter.

Mercure. — Vous m'étonnez. Son titre de dieu des dieux vous influence à ce point ? Cette espèce d'oisiveté suprême, cette fonction de contremaître sans spécialité du chantier divin ne vous détourne pas de lui, au contraire ?

ALCMÈNE. — Il a la spécialité de la divinité. C'est quelque chose.

MERCURE. — Il n'entend rien à l'éloquence, à l'orfèvrerie, à la musique de ciel ou de chambre. Il n'a aucun talent.

ALCMÈNE. — Il est beau, mélancolique, et il n'a sur ses augustes traits aucun de ces tics qui habitent les traits des dieux forgerons ou poètes.

MERCURE. — Il est beau, en effet, et coureur.

ALCMÈNE. — Vous n'êtes pas loyal en parlant ainsi de lui. Croyez-vous que je ne comprenne pas le sens de ces passions subites qui précipitent Jupiter dans les bras d'une mortelle ? Je m'y connais en greffes, par mon mari, qui a trouvé, comme vous le savez peut-être là-haut, la greffe des cerises. En classe aussi on nous fait réciter que le croisement avec la beauté et même avec la pureté, ne peut s'opérer que par ces visites et sur des femmes trop honorées de cette haute mission. Je vous déplais, en vous disant cela ?

MERCURE. — Vous me ravissez... Alors le sort de Léda, de Danaé, de toutes celles qu'a aimées ou qu'aimera Jupiter vous paraît un sort heureux ?

ALCMÈNE. — Infiniment heureux.

MERCURE. — Enviable ?

ALCMÈNE. — Très enviable.

MERCURE. — Bref, vous les enviez ?

ALCMÈNE. — Si je les envie ? Pourquoi cette question ?

MERCURE. — Vous ne le devinez pas ? Vous ne devinez pas pourquoi je viens ici, et ce que j'ai à vous annoncer, en messager de mon maître ?

ALCMÈNE. — Dites toujours.

MERCURE. — Qu'il vous aime... Que Jupiter vous aime.

ALCMÈNE. — Jupiter me connaît ? Jupiter daigne savoir mon existence ? Je suis fortunée entre toutes.

MERCURE. — Depuis de nombreux jours, il vous voit, il ne perd aucun de vos gestes, vous êtes inscrite dans son regard rayonnant.

ALCMÈNE. — De nombreux jours ?

MERCURE. — Et de nombreuses nuits. Vous pâlissez !

ALCMÈNE. — C'est vrai, je devrais rougir !... Excusez-moi, Mercure. Mais je suis navrée de penser que je n'ai pas toujours été digne de ce regard ! Que ne m'avez-vous prévenue !

MERCURE. — Et que dois-je lui dire ?

ALCMÈNE. — Dites-lui que je serai désormais digne de cette faveur. Un autel en argent se dresse déjà pour lui dans le palais. Dès le retour d'Amphitryon, nous elèverons un autel d'or.

MERCURE. — Ce n'est pas votre autel qu'il demande.

ALCMÈNE. — Tout ici lui appartient! Qu'il daigne choisir un objet parmi mes objets préférés!

MERCURE. — Il l'a choisi, et il viendra ce soir au coucher du soleil le demander lui-même.

ALCMÈNE. — Lequel?

MERCURE. — Votre lit. *(Alcmène n'affecte pas une surprise démesurée.)* Préparez-vous! Je viens de donner mes ordres à la nuit. Elle n'aura pas trop de toute la journée pour amasser les éclats et les sons d'une nuit de noces célestes. Ce sera moins une nuit qu'une avance sur votre future immortalité. Je suis heureux d'intercaler ce fragment d'éternité entre vos moments périssables. C'est mon cadeau de fiançailles. Vous souriez ?

ALCMÈNE. — On sourirait à moins.

MERCURE. — Et pourquoi ce sourire ?

ALCMÈNE. — Tout simplement parce qu'il y a erreur sur la personne, Mercure. Je suis Alcmène et Amphitryon est mon mari.

MERCURE. — Les maris sont très en dehors des lois fatales du monde.

ALCMÈNE. — Je suis la plus simple des Thébaines. Je réussissais mal en classe, et j'ai d'ailleurs tout oublié. On me dit peu intelligente.

MERCURE. — Ce n'est pas mon avis.

ALCMÈNE. — Je vous fais observer qu'il ne s'agit pas en ce moment de vous, mais de Jupiter. Or, recevoir Jupiter, je n'en suis pas digne. Il ne m'a vue qu'illuminée de son éclat. Ma lumière à moi est infiniment plus faible.

MERCURE. — Du ciel on voit votre corps éclairer la nuit grecque.

ALCMÈNE. — Oui, j'ai des poudres, des onguents. Cela va encore, avec les épiloirs et les limes. Mais je ne sais ni écrire ni penser.

MERCURE. — Je vois que vous parlez très suffisamment. D'ailleurs les poètes de la postérité se chargeront de votre conversation de cette nuit.

ALCMÈNE. — Ils peuvent se charger aussi bien du reste.

MERCURE. — Pourquoi ce langage qui rapetisse tout ce qu'il touche ? Croyez-vous échapper aux dieux à retrancher tout ce qui dépasse de vous en noblesse et en beauté ? Vous vous rendez mal compte de la gravité de votre rôle ?

ALCMÈNE. — C'est ce que je me tue à vous dire ! Ce rôle ne me convient pas. Je vis dans tout ce qu'il y a de plus terrestre comme atmosphère, et aucune divinité ne pourrait la supporter longtemps.

MERCURE. — N'allez pas vous imaginer qu'il s'agisse d'une liaison, il s'agit de quelques heures.

ALCMÈNE. — Cela, vous n'en savez rien. La constance de Jupiter, comme je l'imagine, me surprendrait à peine. C'est son intérêt qui m'étonne.

MERCURE. — Votre taille l'emporte sur toutes.

ALCMÈNE. — Ma taille, admettons. Il sait que je me hâle affreusement l'été ?

MERCURE. — Vos mains ornent les fleurs, dans vos jardins.

ALCMÈNE. — Mes mains sont bien, oui. Mais on n'a que deux mains. Et j'ai une dent en trop.

MERCURE. — Votre démarche déborde de promesses.

ALCMÈNE. — Cela ne veut rien dire,

au contraire. En amour, je suis peu développée.

MERCURE. — Inutile de mentir. Jupiter vous a observée aussi, dans ce rôle.

ALCMÈNE. — On peut feindre...

MERCURE. — Trêve de paroles, et trêve de coquetterie... Que vois-je, Alcmène, des larmes dans vos yeux ? Vous pleurez dans l'heure où une pluie de joies va tomber sur l'humanité en votre honneur ! Car Jupiter l'a décidé. Il sait que vous êtes bonne et que vous préférez cette averse à une averse d'or. Une année de joie commence ce soir pour Thèbes. Plus d'épidémie, plus de famines, plus de guerre.

ALCMÈNE. — Il ne manquait plus que cela !

MERCURE. — Et les enfants de votre ville que la mort doit emporter cette semaine, ils sont huit, si vous désirez le savoir, quatre petits garçons, et quatre petites filles, votre petite Charissa entre autres, vont être sauvés par votre nuit.

Alcmène. — Charissa ? Cela s'appelle du chantage.

Mercure. — La santé et le bonheur sont le seul chantage des dieux... Vous entendez ? Ces chants, cette musique, cet enthousiasme, c'est à vous qu'ils s'adressent. Thèbes entière sait que vous recevrez ce soir Jupiter, et s'orne, et s'égaye pour vous. Les malades, les pauvres, tous ceux qui vous devront la vie et le bonheur. Jupiter les guérira ou les comblera sur son passage, au coucher du soleil. Vous voilà prévenue. Adieu, Alcmène.

Alcmène. — Ah ! c'était là cette victoire ! Vous partez, Mercure ?

Mercure. — Je pars. Je vais prévenir Jupiter que vous l'attendez.

Alcmène. — Vous mentirez. Je ne peux pas l'attendre.

MERCURE. — Que dites-vous ?

ALCMÈNE. — Je ne l'attendrai pas. Je vous en supplie, Mercure. Détournez de moi la faveur de Jupiter ?

MERCURE. — Je ne vous comprends pas.

ALCMÈNE. — Je ne peux être la maîtresse de Jupiter.

MERCURE. — Pourquoi ?

ALCMÈNE. — Il me mépriserait ensuite.

MERCURE. — Ne faites pas votre naïve.

ALCMÈNE. — Je suis impie. Je blasphème dans l'amour.

MERCURE. — Vous mentez... C'est tout ?

ALCMÈNE. — Je suis lasse, malade.

MERCURE. — Ce n'est pas vrai. Ne croyez pas vous défendre contre un dieu avec les armes qui écartent les hommes

ALCMÈNE. — J'aime un homme.

MERCURE. — Quel homme ?

ALCMÈNE. — Mon mari.

Mercure qui était penché vers elle se redresse.

MERCURE. — Ah, vous aimez votre mari ?

ALCMÈNE. — Je l'aime.

MERCURE. — Mais nous y comptons bien ! Jupiter, lui, n'est pas un homme, il ne choisit pas ses maîtresses parmi les femmes infidèles. D'ailleurs ne vous faites pas plus ingénue que vous ne l'êtes. Nous connaissons vos rêves.

ALCMÈNE. — Mes rêves ?

MERCURE. — Nous savons que vous rêvez. Les femmes fidèles rêvent parfois, et qu'elles ne sont pas dans les bras de leurs maris.

ALCMÈNE. — Elles ne sont dans les bras de personne.

MERCURE. — Il arrive à ces épouses

sûres d'appeler leur mari Jupiter. Nous vous avons entendue.

ALCMÈNE. — Mon mari peut être pour moi Jupiter. Jupiter ne peut être mon mari.

MERCURE. — Vous êtes vraiment ce qu'on nomme un esprit obstiné! Ne me forcez pas à vous parler crûment, et à vous montrer le fond de ce que vous croyez votre candeur. Je vous trouve suffisamment cynique dans vos paroles.

ALCMÈNE. — Si j'étais surprise nue, je devrai me débattre avec mon corps et mes jambes nues. Vous ne me laissez pas le choix des mots.

MERCURE. — Alors j'y vais sans ambages : Jupiter ne demande pas absolument à entrer en homme dans votre lit...

ALCMÈNE. — Vous avez pu voir que je n'y accepte pas non plus les femmes.

MERCURE. — Nous avons pu voir que certains spectacles dans la nature, que certains parfums, que certaines formes vous irritent tendrement dans votre âme et dans votre corps, et que souvent, même au bras d'Amphitryon, il naît en vous vis-à-vis d'objets et d'êtres une tumultueuse appréhension. Vous aimez nager. Jupiter peut devenir l'eau qui vous investit et vous force. Ou si vous croyez marquer moins votre infidélité en recevant d'une plante, d'un animal la faveur du maître des dieux, dites-le, et il vous exaucera... Quel est votre félin préféré ?

ALCMÈNE. — Mercure, laissez-moi.

MERCURE. — Un mot, et je pars. Un enfant doit naître de la rencontre de ce soir, Alcmène.

ALCMÈNE. — Il a même un nom, sans doute ?

MERCURE. — Il a un nom, Hercule.

ALCMÈNE. — Pauvre petite fille, elle ne naîtra pas.

MERCURE. — C'est un garçon, et il naîtra. Tous ces monstres qui désolent encore la terre, tous ces fragments de chaos qui encombrent le travail de la création, c'est Hercule qui doit les détruire et les dissiper. Votre union avec Jupiter est faite de toute éternité.

ALCMÈNE. — Et que se passera-t-il, si je refuse ?

MERCURE. — Hercule doit naître.

ALCMÈNE. — Si je me tue ?

MERCURE. — Jupiter vous redonnera la vie, ce fils doit naître.

ALCMÈNE. — Un fils de l'adultère, jamais. Ce fils mourrait, tout fils du Ciel qu'il puisse être.

MERCURE. — La patience des dieux a des limites, Alcmène. Vous méprisez leur courtoisie. Tant pis pour vous. Après tout, nous n'avons que faire de votre consentement. Apprenez donc qu'hier...

Ecclissé entre brusquement.

ECCLISSÉ. — Maîtresse...

ALCMÈNE. — Qu'y a-t-il ?

MERCURE. — Amphitryon, sans doute ?

ECCLISSÉ. — Non, Seigneur. La reine Léda arrive au palais. Peut-être dois-la renvoyer ?

ALCMÈNE. — Léda ?... Non ! Qu'elle reste !

MERCURE. — Recevez-la, Alcmène, elle peut vous être d'un utile conseil. Pour moi je pars, et vais rendre compte de notre entretien à Jupiter.

ALCMÈNE. — Vous lui direz ma réponse ?

MERCURE. — Tenez-vous à voir votre ville assaillie par des pestes, par l'incendie ? A voir votre mari vaincu et déchu ? Je lui dirai que vous l'attendez.

ALCMÈNE. — Vous direz un mensonge.

MERCURE. — C'est avec les mensonges du matin que les femmes font leurs vérités du soir. A ce soir, Alcmène.

Il disparaît.

ALCMÈNE. — Ecclissé, comment est-elle ?

ECCLISSÉ. — Sa robe ? D'argent avec liseré de cygne, mais très discret.

ALCMÈNE. — Je parle de son visage... Dur, orgueilleux ?

ECCLISSÉ. — Noble et paisible.

ALCMÈNE. — Alors, va, cours, qu'elle entre vite, une idée m'est venue, une idée merveilleuse ! Léda peut me sauver.

Sort Ecclissé.

SCÈNE SIXIÈME

Léda. Alcmène.

LÉDA. — Voilà une visite indiscrète, Alcmène ?

ALCMÈNE. — Tellement désirée, Léda, au contraire !

LÉDA. — C'est la future chambre historique ?

ALCMÈNE. — C'est ma chambre.

LÉDA. — La mer et la montagne, vous faites bien les choses !

ALCMÈNE. — Et le ciel surtout...

LÉDA. — Le ciel lui est peut-être plus indifférent... C'est pour ce soir ?

ALCMÈNE. — On dit que c'est ce soir.

LÉDA. — Comment cela est-il arrivé ? Vous faisiez de grandes prières tous les jours pour dire votre peine, votre nostalgie ?

ALCMÈNE. — Non. Je les faisais pour dire ma satisfaction, mon bonheur...

LÉDA. — C'est encore la meilleure façon d'appeler à l'aide... Vous l'avez vu ?

ALCMÈNE. — Non... C'est lui qui vous envoie ?

LÉDA. — Je passais par Thèbes, j'ai appris les nouvelles, je suis venue vous voir.

ALCMÈNE. — Ce n'est pas plutôt que vous comptez le revoir ?

LÉDA. — Je ne l'ai jamais vu !... Vous n'ignorez pas les détails de l'aventure ?

ALCMÈNE. — Léda, c'était vrai ce que la légende raconte, il était un vrai cygne ?

LÉDA. — Ah ! Cela vous intéresse ! Jusqu'à un certain point, une espèce de nuage oiseau, de rafale cygne.

ALCMÈNE. — De vrai duvet ?

LÉDA. — A vous parler franchement, Alcmène, j'aimerais autant qu'il ne reprît pas cette forme avec vous. Je n'ai pas à être jalouse, mais laissez-moi cette originalité. Il est tant d'autres oiseaux, de beaucoup plus rares, même !

ALCMÈNE. — D'aussi nobles que les cygnes, qui aient l'air plus distant, bien peu !

LÉDA. — Evidemment.

ALCMÈNE. — Je ne trouve pas du tout qu'ils aient l'air plus bêtes que l'oie ou l'aigle. Du moins, ils chantent, eux.

LÉDA. — En effet, ils chantent.

ALCMÈNE. — Personne ne les entend, mais ils chantent. Chantait-il, lui ? Parlait-il ?

LÉDA. — Un ramage articulé, dont le sens échappait, mais dont la syntaxe était si pure qu'on devinait les verbes et les relatifs des oiseaux.

Alcmène. — Est-ce exact que les articulations de ses ailes crépitaient harmonieusement ?

Léda. — Très exact, comme chez les cigales, en moins métallique. J'ai touché des doigts cette naissance des ailes : une harpe de plumes !

Alcmène. — Vous aviez été informée de son choix ?

Léda. — C'était l'été. Depuis le solstice, de grands cygnes naviguaient très haut entre les astres. J'étais bien sous le signe du cygne, comme dit plaisamment mon mari.

Alcmène. — Votre mari plaisante sur ce sujet ?

Léda. — Mon mari ne croit pas aux dieux. Il ne peut donc voir, dans cette aventure, qu'une imagination ou le sujet de jeux de mots. C'est un avantage.

Alcmène. — Vous avez été bousculée, surprise ?

LÉDA. — Assaillie, doucement assaillie. Caressée soudain par autre chose que par ces serpents prisonniers que sont les doigts, ces ailes mutilées que sont les bras ; prise dans un mouvement qui n'était plus celui de la terre, mais celui des astres, dans un roulis éternel : bref un beau voyage. D'ailleurs vous serez mieux renseignée que moi dans un moment.

ALCMÈNE. — Il vous a quittée comment ?

LÉDA. — J'étais étendue. Il est monté droit à mon zénith. Il m'avait douée pour quelques secondes d'une presbytie surhumaine qui me permit de le suivre jusqu'au zénith du zénith. Je l'ai perdu là.

ALCMÈNE. — Et depuis, rien de lui ?

LÉDA. — Je vous dis, ses faveurs, les politesses de ses prêtres. Parfois une ombre de cygne qui se pose sur moi dans le bain, et que nul savon n'enlève... Les branches d'un poirier témoin s'inclinent sur mon passage. D'ailleurs je n'aurais pas supporté de liaison même avec un dieu. Une seconde visite, oui, peut-être. Mais il a négligé ce point de l'étiquette.

ALCMÈNE. — Cela pourrait peut-être se rattraper! Et depuis, vous êtes heureuse?

LÉDA. — Heureuse, hélas non! Mais, du moins, bienheureuse. Vous verrez que cette surprise donnera à tout votre être, et pour toujours, une détente dont votre vie entière profitera.

ALCMÈNE. — Ma vie n'est pas tendue ; et d'ailleurs je ne le verrai pas.

LÉDA. — Vous le sentirez. Vous sentirez vos étreintes avec votre mari dégagées de cette douloureuse inconscience, de cette fatalité qui leur enlève le charme d'un jeu familial...

ALCMÈNE. — Léda, croyez-vous que

l'on puisse fléchir Jupiter, vous qui le connaissez ?

LÉDA. — Je le connais ? Je ne l'ai vu qu'oiseau !

ALCMÈNE. — Mais d'après ses actes d'oiseau, quel est son caractère de dieu.

LÉDA. — Beaucoup de suite dans les idées et peu de connaissance des femmes, mais il est docile à la moindre indication et reconnaissant pour toute aide... Pourquoi me demandez-vous cela ?

ALCMÈNE. — J'ai décidé de refuser les faveurs de Jupiter. Je vous en supplie ! Voulez-vous me sauver ?

LÉDA. — Vous sauver de la gloire ?

ALCMÈNE. — D'abord je suis indigne de cette gloire. Vous, vous étiez la plus belle des reines, mais la plus intelligente aussi. Quelle autre que vous eût compris la syntaxe du chant des oiseaux ? N'avez-vous pas aussi inventé l'écriture ?

LÉDA. — C'est si inutile avec les dieux. Ils n'inventeront jamais la lecture...

ALCMÈNE. — Vous connaissez l'astronomie. Vous savez où est votre zénith, votre nadir. Moi je les confonds. Vous êtes déjà située dans l'univers comme un astre. La science donne au corps féminin un levain et une densité qui affolle hommes et dieux. Il suffit de vous voir pour comprendre que vous êtes moins une femme qu'une de ces statues vivantes dont la progéniture de marbre ornera un jour tous les beaux coins du monde.

LÉDA. — Vous, vous n'êtes rien, comme ils disent, que beauté et jeunesse. Où voulez-vous en venir, chère petite ?

ALCMÈNE. — Je me tuerai, plutôt que de subir l'amour de Jupiter. J'aime mon mari.

LÉDA. — Justement, vous ne pourrez plus jamais aimer que lui, sortant du lit de Jupiter. Aucun homme, aucun dieu n'osera vous toucher!

ALCMÈNE. — Je serais condamnée à aimer mon mari. Mon amour pour lui ne serait plus le fruit de mon libre choix. Il ne me le pardonnerait jamais!

LÉDA. — Peut-être commencerez-vous plus tard, autant commencer par un dieu.

ALCMÈNE. — Sauvez-moi, Léda! Vengez-vous de Jupiter, qui ne vous a étreinte qu'une fois et a cru vous consoler avec les révérences d'un poirier.

LÉDA. — Comment se venger d'un pauvre cygne blanc?

ALCMÈNE. — Avec un cygne noir. Je vais vous expliquer. Prenez ma place!

LÉDA. — Votre place!

ALCMÈNE. — Cette porte donne sur une chambre obscure où tout est préparé pour le repos. Mettez mes voiles, répandez mon parfum. Jupiter s'y trompera, et à son avantage. Ne se rend-on pas de ces services entre amies ?

LÉDA. — Sans se le dire, oui, souvent.. Charmante femme !

ALCMÈNE. — Pourquoi souriez-vous ?

LÉDA. — Après tout, Alcmène, peut-être dois-je vous écouter ! Plus je vous entends, plus je vous vois, plus je pense qu'à tant d'agréments humains la visite du destin pourrait être fatale, et plus j'ai scrupule à vous attirer de force dans cette assemblée qui réunit aux fêtes de l'année solaire, là-bas, sur ce haut promontoire, les femmes qu'aima Jupiter.

ALCMÈNE. — Cette fameuse assemblée où se déroulent des orgies divines ?

LÉDA. — Des orgies divines ? Mais c'est une calomnie. Des orgies d'idées générales tout au plus, chère petite.

Nous sommes là-haut absolument entre nous !

ALCMÈNE. — Mais alors qu'y faites vous ? Je ne puis le savoir ?

LÉDA. — Vous me comprendrez peut-être difficilement, chère amie. Le langage abstrait, heureusement, ne doit pas être votre fort. Vous comprendriez les mots archétype, les mots idées force, le mot ombilic ?

ALCMÈNE. — Je comprends ombilic. Cela veut dire nombril, je crois ?

LÉDA. — Vous me comprendriez si je vous racontais qu'étendues sur la roche ou sur le gazon maigre piqué de narcisses, illuminés par la gerbe des concepts premiers, nous figurons toute la journée une sorte d'étalage divin de surbeautés, et que, au lieu cette fois de concevoir, nous sentons les élans du cosmos se modeler sur nous, et les possibles du monde nous prendre pour noyau ou pour matrice ? Vous comprenez ?

ALCMÈNE. — Je comprends que c'est une assemblée extrêmement sérieuse.

LÉDA. — Très spéciale, en tout cas ! Et où la moitié de vos charmes, ravissante Alcmène, serait sans objet ! Vous si vive, si enjouée, si volontairement éphémère, je crois que vous avez raison. Vous êtes née pour être, non une des idées mères, mais la plus gracieuse idée fille de l'humanité.

ALCMÈNE. — O Merci, Léda ! Vous me sauverez ! On adore sauver l'éphémère !

LÉDA. — Je veux bien vous sauver, chère Alcmène. Entendu. Mais encore voudrais-je savoir à quel prix !

ALCMÈNE. — A quel prix ?

LÉDA. — Sous quelle forme Jupiter doit-il venir ? Il faudrait tout au moins que ce fût sous un aspect que j'aime.

ALCMÈNE. — Ah! cela je l'ignore.

LÉDA. — Vous pouvez le savoir. Il revêtira la forme qui hante vos désirs et vos rêves.

ALCMÈNE. — Je n'en vois pas.

LÉDA. — J'espère que vous n'aimez point les serpents. J'en ai horreur. Il n'y aurait pas alors à compter sur moi... Ou alors un beau serpent, couvert de bagues.

ALCMÈNE. — Aucun animal, aucun végétal ne me hante...

LÉDA. — Je décline aussi les minéraux, Enfin, Alcmène, vous avez bien un point sensible ?

ALCMÈNE. — Je n'ai pas de point sensible. J'aime mon mari.

LÉDA. — Mais le voilà le point sensible! Il n'y a pas à en douter! C'est par là que vous serez vaincue. Vous n'avez jamais aimé que votre mari ?

ALCMÈNE. — J'en suis là.

LÉDA. — Comment n'y avons-nous point pensé! La ruse de Jupiter sera la plus simple des ruses. Ce qu'il aime en vous, je le sens bien depuis que je vous connais, c'est votre humanité ; ce qui est intéressant avec vous, c'est de vous connaître en humaine, dans vos habitudes intimes et vos vraies joies. Or, pour y arriver, il n'est qu'un artifice, prendre la forme de votre mari. Votre cygne, mais ce sera un Amphitryon, n'en doutez plus! Jupiter attendra la première absence de votre mari pour pénétrer chez vous et vous tromper.

ALCMÈNE. — Vous m'effrayez. Amphitryon est absent!

LÉDA. — Absent de Thèbes?

ALCMÈNE. — Il est parti hier soir pour la guerre.

LÉDA. — Quand revient-il? Une armée ne peut décemment faire une guerre de moins de deux jours?

ALCMÈNE. — J'en ai peur.

LÉDA. — D'ici ce soir, Alcmène, Jupiter forcera ces portes sous l'aspect de votre mari et vous vous donnerez à lui sans défiance.

ALCMÈNE. — Je le reconnaîtrai.

LÉDA. — Pour une fois un homme sera un ouvrage divin. Vous vous abuserez.

ALCMÈNE. — Justement. Il sera un Amphitryon plus parfait, plus intelligent, plus noble. Je le haïrai à première vue.

LÉDA. — Il était un cygne immense, et je ne l'ai pas distingué du petit cygne de mon fleuve...

Ecclissé entre.

ECCLISSÉ. — Une nouvelle, maîtresse, une nouvelle imprévue!

LÉDA. — Amphitryon est là!

ECCLISSÉ. — Comment le savez-vous?

Oui, le prince sera dans une minute au palais. Des remparts je l'ai vu au galop de son cheval franchir les fossés.

ALCMÈNE. — Aucun cavalier jamais ne les a franchis !

ECCLISSÉ. — Un bond lui a suffi.

LÉDA. — Il est seul ?

ECCLISSÉ. — Seul, mais on sent autour de lui un escadron invisible. Il rayonne. Il n'a pas cet air fatigué qu'il porte d'habitude au retour de la guerre. Le jeune soleil en pâlit. C'est un bloc de lumière avec une ombre d'homme. Que dois-je faire, maîtresse, Jupiter est autour de nous, et mon maître s'expose à la colère des dieux ? Je crois avoir perçu un coup de tonnerre au moment où il entrait dans le chemin de ronde...

ALCMÈNE. — Va, Ecclissé.

Ecclissé sort.

LÉDA. — Etes-vous convaincue, maintenant ? Voilà Jupiter ! Voilà le faux Amphitryon.

Alcmène. — Eh bien ! il trouvera ici la fausse Alcmène. De toute cette future tragédie de dieux, ô chère Léda, grâce à vous, je vous en supplie, faisons un petit divertissement pour femmes ! Vengeons-nous !

Léda. — Comment est-il votre mari ? Vous avez son portrait ?

Alcmène. — Le voilà.

Léda. — C'est qu'il n'est pas mal... Il a ces beaux yeux que j'aime, où la prunelle est à peine indiquée, comme dans les statues. J'aurais adoré les statues, si elles savaient parler et être sensibles. Il est brun ? Il ne frise pas, j'espère ?

Alcmène. — Des cheveux mat, Léda, des ailes de corbeau.

Léda. — Stature militaire ? Peau rugueuse ?

ALCMÈNE. — Mais certainement pas? Beaucoup de muscles, mais si souples!

LÉDA. — Vous ne m'en voudrez pas de vous prendre l'image du corps que vous aimez?

ALCMÈNE. — Je vous le jure.

LÉDA. — Vous ne m'en voudrez pas de vous prendre un dieu que vous n'aimez pas?

ALCMÈNE. — Il arrive. Sauvez-moi.

LÉDA. — Elle est là, cette chambre?

ALCMÈNE. — Elle est là.

LÉDA. — Il n'y a pas de degrés à descendre dans cette ombre, j'ai horreur des faux pas.

ALCMÈNE. — Un sol lisse et plan.

LÉDA. — Le mur du divan n'est pas revêtu de marbre?

ALCMÈNE. — De tapis de haute laine.

Vous n'hésiterez pas au dernier moment !

Léda. — Je vous l'ai promis. Je suis très consciencieuse en amitié. Le voilà. Amusez-vous un peu de lui avant de me l'envoyer. Vengez-vous sur le faux Amphitryon des chagrins que vous donnera un jour le vrai....

SCÈNE SEPTIÈME

Alcmène. Amphitryon.

Voix d'esclave. — Et vos chevaux, seigneur, que dois-je en faire ? Ils sont épuisés.

Amphitryon. — Je me moque de mes chevaux. Je repars à l'instant.

Alcmène. — Il se moque de ses chevaux, ce n'est pas Amphitryon.

Amphitryon s'avance vers elle.

AMPHITRYON. — C'est moi!

ALCMÈNE. — Et non un autre, je le vois.

AMPHITRYON. — Tu ne m'embrasses pas, chérie?

ALCMÈNE. — Un moment, si tu veux. Il fait si clair ici. Tout à l'heure, dans cette chambre.

AMPHITRYON. — Tout de suite! La pensée seule de cette minute m'a lancé vers toi comme une flèche.

ALCMÈNE. — Et fait escalader les rochers, et franchir les rivières, et enjamber le ciel! Non, non, viens plutôt vers le soleil, que je te regarde! Tu n'as pas peur de montrer ton visage à ta femme? Tu sais qu'elle en connaît les moindres beautés, les moindres taches.

AMPHITRYON. — Le voici, chérie, et bien imité.

ALCMÈNE. — Bien imité, en effet. Une femme habituelle s'y tromperait. Tout y est. Ces deux rides tristes qui servent au sourire, cet évidement comique qui sert aux larmes, et pour marquer l'âge, ce piétinement, là, au coin des tempes, de je ne sais quel oiseau, de l'aigle de Jupiter sans doute ?

AMPHITRYON. — D'une oie, chérie, c'est ma patte d'oie. Tu l'embrasses, d'habitude.

ALCMÈNE. — Tout cela est bien mon mari ! Il y manque pourtant l'égratignure qu'il se fit hier. Curieux mari, qui revient de la guerre avec une estafilade en moins.

AMPHITRYON. — L'air est souverain pour les blessures.

ALCMÈNE. — L'air des combats, cela est bien connu ! Voyons les yeux. Eh Eh ! cher Amphitryon, tu avais au départ deux grands yeux gais et francs. D'où te vient cette gravité dans l'œil droit, d'où te vient dans l'œil gauche ce rayon hypocrite ?

AMPHITRYON. — Il ne faut pas se regarder trop en face, entre époux, si l'on veut s'éviter des découvertes... Viens....

ALCMÈNE. — Un instant.... Il flotte des nuages, en ce regard, que je n'avais jamais aperçus.... Je ne sais ce que tu as, ce soir, mon ami, mais à te voir, j'éprouve un vertige, je sens m'envahir une espèce de science du passé, de prescience de l'avenir... Je devine les mondes lointains, les sciences cachées.

AMPHITRYON. — Toujours avant l'amour, chérie. Moi aussi. Cela passera.

ALCMÈNE. — A quoi pense ce large front, plus large que nature ?

AMPHITRYON. — A la belle Alcmène, toujours égale à soi.

Alcmène. — A quoi pense ce visage, qui grossit sous mes yeux ?

Amphitryon. — A baiser tes lèvres.

Alcmène. — Pourquoi mes lèvres ? Jamais tu ne me parlais autrefois de mes lèvres ?

Amphitryon. — A mordre ta nuque.

Alcmène. — Tu deviens fou ? Jamais tu n'avais eu l'audace jusqu'ici d'appeler par leur nom un seul de mes traits !

Amphitryon. — Je me le suis reproché cette nuit, et je vais te les nommer tous. J'ai eu soudain cette idée, faisant l'appel de mon armée, et toutes devront aujourd'hui répondre à mon dénombrement, paupières, gorge, et nuque, et dents. Tes lèvres !

Alcmène. — Voici toujours ma main.

Amphitryon. — Qu'as-tu ? Je t'ai piquée ? C'était désagréable ?

ALCMÈNE. — Où as-tu couché cette nuit ?

AMPHITRYON. — Dans des ronces, pour oreiller un fagot de sarments qu'au réveil j'ai flambé !... Il faut que je reparte dans l'heure, chérie, car nous livrerons la bataille dès ce matin...... Viens !... Que fais-tu ?

ALCMÈNE. — J'ai bien le droit de caresser tes cheveux. Jamais ils n'ont été aussi brillants, aussi secs !

AMPHITRYON. — Le vent sans doute !

ALCMÈNE. — Ton esclave le vent. Et quel crâne tu as soudain ! Jamais, je ne l'avais vu aussi considérable ?

AMPHITRYON. — L'intelligence, Alcmène......

ALCMÈNE. — Ta fille l'intelligence....

AMPHITRYON. — Et cela ce sont mes sourcils, si tu tiens à le savoir, et cela mon occiput, et cela ma veine jugulaire.... Chère Alcmène, pourquoi frémis-tu ainsi en me touchant? Tu sembles une fiancée et non une femme. Qui t'a donné vis-à-vis de ton époux cette retenue toute neuve? Voilà qu'à moi aussi tu deviens une inconnue. Et tout ce que je vais découvrir aujourd'hui sera nouveau pour moi......

ALCMÈNE. — J'en ai la certitude......

AMPHITRYON. — Ne souhaites-tu pas un cadeau, n'as-tu pas un vœu à faire ?

ALCMÈNE. — Je voudrais, avant de pénétrer dans cette chambre, que tu effleures de tes lèvres mes cheveux.

AMPHITRYON, *la prenant dans ses bras et l'embrassant dans le cou.* — Voilà !

ALCMÈNE. — Que fais-tu ? Embrasse-moi de loin, sur les cheveux, te dis-je.

AMPHITRYON. *l'embrassant sur la joue.* — Voilà !

ALCMÈNE. — Tu manques de parole, suis-je chauve pour toi ?

AMPHITRYON, *l'embrassant sur les lèvres.* — Voilà.... Et maintenant je t'emporte....

ALCMÈNE. — Une minute ! Rejoins-moi, dans une minute ! Dès que je t'appelle, mon amant !

Elle entre dans la chambre. Amphitryon reste seul.

AMPHITRYON. — Quelle épouse charmante ! Comme la vie est douce qui s'écoule ainsi sans jalousie et sans risque, et doux ce bonheur bourgeois que n'effleure ni l'intrigue, ni la concupiscence. Que je regagne le palais à l'aurore ou au crépuscule, je n'y découvre que ce que j'y cache et je n'y surprends que le calme... Je peux venir, Alcmène ?...... Elle ne répond pas :

je la connais, c'est qu'elle est prête..... Quelle delicatesse, c'est par son silence qu'elle me fait signe, et quel silence! Comme il résonne! Comme elle m'appelle! Oui, oui, me voici, chérie......

Quand il est entré dans la chambre, Alcmène revient à la dérobée, le suit d'un sourire, écarte les tentures, revient au milieu de la scène.

Alcmène. — Et voilà, le tour est joué! Il est entre ses bras. Qu'on ne me parle plus de la méchanceté du monde. Un simple jeu de petite fille la rend anodine. Qu'on ne me parle plus de la fatalité, elle n'existe que par la veulerie des êtres. Ruses des hommes, désirs des dieux, ne tiennent pas contre la volonté et l'amour d'une femme fidèle.... N'est-ce pas ton avis, écho, toi qui m'as toujours donné les meilleurs conseils?... Qu'ai-je à redouter des dieux et des hommes, moi qui suis loyale et sûre, rien, n'est-ce pas, rien, rien?

L'Echo. — Tout! Tout!

Alcmène. — Tu dis?

L'Echo. — Rien! Rien!

RIDEAU.

ACTE TROISIEME

Terrasse près du palais.

SCENE PREMIERE

Sosie. Le Trompette. Ecclissé. Puis les danseuses.

LE TROMPETTE. — Il s'agit de quoi, ce soir, dans ta proclamation ?

SOSIE. — Des femmes.

LE TROMPETTE. — Bravo ! Du danger des femmes ?

SOSIE. — De l'état naturel de fidélité où sont les épouses en temps de guerre..... Par extraordinaire, la proclamation risque cette fois d'être vraie, notre guerre n'a duré qu'un jour.

Le Trompette. — Lis-la vite.

(il sonne).

Sosie. — O Thébains, la guerre, entre tant d'avantages...

Ecclissé. — Silence.

Sosie. — Comment, silence ? Mais la guerre est finie, Ecclissé. Tu as deux vainqueurs devant toi. Nous précédons l'armée d'un quart d'heure.

Ecclissé. — Silence, te dis-je, écoute!

Sosie. — Ecouter ton silence, c'est neuf.

Ecclissé. — Ce n'est pas moi qui parle, aujourd'hui, c'est le ciel. Une voix céleste annonce aux Thébains les exploits d'un héros inconnu.

Sosie. — Inconnu ? Du petit Hercule, tu veux dire ? Du fils qu'Alcmène doit avoir cette nuit de Jupiter ?

Ecclissé. — Tu sais cela !

Sosie. — Comme toute l'armée, demande au trompette.

Le Trompette. — Et je vous prie de croire que tous se réjouissent. Soldats et Officiers ne peuvent attribuer qu'à cet heureux événement notre victoire rapide. Pas un tué, Madame, et les chevaux eux-mêmes n'ont été blessés qu'à la jambe gauche. Seul Amphitryon ne savait rien encore, mais, grâce à ces voix célestes, il doit être maintenant averti.

Ecclissé. — Amphitryon a pu entendre les voix, de la plaine !

Le Trompette. — On n'en perd pas un mot. La foule est massée au pied du Palais et nous avons écouté avec elle. C'est assez impressionnant. Il vient d'y avoir surtout un petit combat entre votre futur jeune maître et un monstre à tête de taureau qui nous a tenus pantelants. Hercule s'en est tiré, mais de justesse... Attention, voici la suite !

La voix céleste. — O Thébains, le minotaure à peine tué, un dragon s'installe aux portes de votre ville, un dragon à trente têtes qui se nourrissent de chair humaine, de votre chair, à part une seule tête herbivore.

La foule. — Oh ! Oh ! Oh !

La voix. — Mais Hercule, le fils qu'Alcmène concevra cette nuit de Jupiter, d'un arc à trente cordes, perce les trente têtes.

La foule. — Eh ! Eh ! Eh !

Le Trompette. — Je me demande pourquoi il a tué la tête herbivore.

Sosie. — Regarde Alcmène à son balcon. Elle n'en perd pas un mot. Comme Jupiter est habile ! Il sait combien notre Reine désire d'enfants, il lui dépeint Hercule, pour qu'elle se prenne à l'aimer et se laisse convaincre.

ECCLISSÉ. — Pauvre maîtresse ! Elle en est oppressée. C'est autour d'elle qu'elle sent ce fils gigantesque. C'est lui qui la contient comme un enfant !

LE TROMPETTE. — A la place de Jupiter, je ferais parler Hercule lui-même. L'émoi d'Alcmène en serait accru.

SOSIE. — Tais-toi ! La voix parle !

LA VOIX CÉLESTE. — De mon père Jupiter, j'aurai le ventre poli, le poil frisé.

LA FOULE. — Oh ! Oh ! Oh !

ECCLISSÉ. — Les Dieux ont eu votre idée, trompette.

LE TROMPETTE. — Oui, un peu moins rapidement.

LA VOIX. — De ma mère Alcmène, le tendre et loyal regard.

ECCLISSÉ. — Ta mère est là, petit Hercule, la vois-tu ?

LA VOIX. — Je la vois, je l'admire.

LA FOULE. — Ah ! Ah ! Ah !

SOSIE. — Qu'a donc ta maîtresse à fermer si brusquement sa fenêtre ? Couper la parole à une voix céleste, elle exagère ! D'ailleurs, Ecclissé, que signifie cette figure d'enterrement ? Et pourquoi le Palais prend-il cet air maussade, alors que toutes les tentures de fête devraient déjà flotter au vent ? Le bruit court pourtant à l'armée que ta maîtresse a fait venir Léda pour lui demander les derniers conseils et qu'elles ont passé la journée à jouer et à rire ? c'était faux ?

ECCLISSÉ. — C'était vrai. Mais elle est partie depuis une heure à peine. C'est aussitôt après son départ que les voix ont annoncé la visite de Jupiter pour le coucher du soleil.

SOSIE. — Les prêtres ont confirmé la nouvelle ?

ECCLISSÉ. — Ils sortent d'ici.

Sosie. — Alors, Alcmène se prépare ?

Ecclissé. — Je ne sais.

Le Trompette. — Madame, des rumeurs assez fâcheuses circulent dans Thèbes sur votre maîtresse et sur vous. On dit que par enfantillage ou par coquetterie, Alcmène affecte de ne pas apprécier la faveur de Jupiter, et qu'elle ne songe à rien moins qu'à empêcher le libérateur de venir au monde.

Sosie. — Oui, et que tu l'aides dans cet infanticide.

Ecclissé. — Comment peut-on ainsi m'accuser ! Avec quelle impatience je l'attends, moi, cet enfant ! songe que c'est avec moi qu'il commencerait ces luttes qui sauveront la terre. C'est moi pendant dix ans qui jouerai pour lui l'hydre, le minotaure ! quels cris peuvent bien pousser ces bêtes, pour que je l'y habitue !

Sosie. — Calme-toi. Parle nous d'Alcmène. Il n'est vraiment pas décent pour Thèbes d'offrir aux Dieux une maîtresse morose et rechignante. Est-il vrai qu'elle cherche un moyen de détourner Jupiter de son projet ?

Ecclissé. — J'en ai peur.

Sosie. — Elle ne réfléchit pas que si elle le trouve, c'est Thèbes perdue, la peste et la révolte dans nos murs, Amphitryon lapidé par la foule ; les femmes fidèles sont toutes les mêmes, elles ne pensent qu'à leur fidélité et jamais à leurs maris.

Le Trompette. — Rassurez-vous, Sosie, le moyen elle ne le trouvera pas, Jupiter ne se laissera pas détourner de son projet, car le propre de la divinité, c'est l'entêtement. Si l'homme savait pousser l'obstination à son point extrême, lui aussi serait déjà dieu. Voyez les savants, et les secrets divins qu'ils arrachent de l'air ou du métal, simplement parce qu'ils se butent. Jupiter est buté. Il aura le secret d'Alcmène. D'ailleurs tout est prêt pour sa venue. Elle est fixée comme une éclipse. Tous les petits Thébains se brûlent les doigts à noircir des éclats de verre pour suivre sans ophtalmie le bolide du dieu.

SOSIE. — As-tu prévenu les musiciens, les cuisiniers ?

ECCLISSÉ. — J'ai préparé du Samos et des gâteaux.

SOSIE. — Comme les nourrices ont le sens de l'adultère et pas celui du mariage! Tu n'as pas l'air de te douter qu'il s'agit, non pas d'un rendez-vous clandestin, mais de noces, de vraies noces ! Et l'assemblée, la foule, où est-elle ? Jupiter exige une foule autour de chacun de ses actes amoureux. Qui comptes-tu convoquer à cette heure tardive ?

ECCLISSÉ. — J'allais justement à la

ville rassembler tous les pauvres, les malades, les infirmes, les disgraciés de la nature. Ma maîtresse veut qu'ils se massent sur le passage de Jupiter, pour l'attendrir et le toucher.

LE TROMPETTE. — Rassembler pour fêter Jupiter les bossus et les boiteux ! Lui montrer en un mot les imperfections du monde qu'il ignore, mais ce serait l'exaspérer ! Vous ne le ferez pas.....

ECCLISSÉ. — J'y suis bien obligée ! Ma maîtresse l'ordonne.

SOSIE. — Elle a tort. Et le trompette a raison.

LE TROMPETTE. — C'est un sacrilège que de prouver à notre créateur qu'il a raté le monde. Les amabilités qu'il a pour lui viennent de ce qu'il le croit parfait. S'il nous voit bancal et manchot, s'il apprend que nous souffrons de la jaunisse et de la gravelle, il sera furieux contre nous. D'autant plus qu'il prétend nous avoir créés à son image : on déteste les mauvais miroirs.

Ecclissé. — Lui-même, par la voix céleste, a réclamé les infortunés parmi les Thébains.

Le Trompette. — Il les aura. J'ai entendu la voix et me suis chargé tout à l'heure de ce soin. Il est seulement nécessaire que ces infortunés lui inspirent une haute idée de l'infortune humaine. N'ayez pas d'inquiétude, Sosie, tout sera prêt. J'ai justement amené toute une troupe spéciale de paralytiques.

Ecclissé. — Des paralytiques n'ont pu monter jusqu'au Palais !

Le Trompette. — Elles sont parfaitement montées, et vous allez les voir. Entrez, mes petites, entrez ! Venez montrer vos pauvres membres au maître des Dieux.

(entrent les jeunes danseuses).

ECCLISSÉ. — Mais ce sont les danseuses !

LE TROMPETTE. — Elles sont les paralytiques. Du moins elles seront présentées comme telles à Jupiter. Elles représentent le point le plus bas de ce qu'il croit l'impotence des hommes. Et j'ai là aussi, derrière les bosquets, une douzaine de chanteuses, qui clameront les cantiques pour faire les muettes. Avec un supplément de quelques géants comme nains, nous aurons un public d'infortunés tel que Jupiter ne rougira pas d'avoir créé le monde et comblera le moindre désir de ta maîtresse et des Thébains. Par où vient-il ?

ECCLISSÉ. — Dos au soleil, ont dit les prêtres. Il y aura aujourd'hui au couchant deux épaisseurs de feu.

LE TROMPETTE. — Il faut qu'il voit en plein éclat le visage des boulangères. Vous les mettrez là. Elles feront les lépreuses.

UNE DANSEUSE. — Mais nous, monsieur le philosophe, qu'avons-nous à faire ?

SOSIE. — A danser. Vous ne savez rien faire d'autre, j'espère ?

LA DANSEUSE. — Quelle danse ? La symbolique avec les décollés majeurs ?

SOSIE. — Pas de zèle. N'oubliez pas que pour Jupiter vous êtes des boiteuses.

UNE DANSEUSE. — Ah ! C'est pour Jupiter. Alors nous avons le pas de la truite avec saccades qui imitent la foudre, cela le flattera.

LE TROMPETTE. — Ne vous faites pas d'illusions. Les Dieux voient les danseuses d'en haut, et non pas en bas, cela suffit à expliquer pourquoi ils sont moins sensibles à la danse que les hommes. Jupiter préfère les baigneuses.

UNE DANSEUSE. — Nous avons justement la danse dite des vagues, sur le plan supinal, avec le surpassé des cuisses.

LE TROMPETTE. — Dis-moi, Sosie, quel est ce guerrier qui grimpe la colline ? n'est-ce pas Amphitryon ?

ECCLISSÉ. — En effet c'est Amphitryon. Ciel, je tremble !

SOSIE. — Et moi je n'en suis point fâché. C'est un homme de jugement et de piété. Il aidera à décider sa femme.

UNE DANSEUSE. — Comme il court !

LE TROMPETTE. — Je comprends sa hâte. Beaucoup de maris tiennent à épuiser leurs femmes pour qu'elle ne soit dans les bras du dieu qu'un corps sans âme.... Allez mes filles. Nous vous suivons pour préparer la musique. Enfin, grâce à nous deux, la cérémonie sera digne de l'hôte. Nous sommes arrivés juste à temps.... Toi, Sosie, ta proclamation.

(il sonne).

SOSIE. — O Thébains, la guerre, entre tant d'avantages, recouvre le corps de la femme d'une cuirasse d'acier et sans jointure où ni le désir ni la main ne se peuvent glisser......

SCÈNE DEUXIÈME

Amphitryon *(congédie d'un geste Sosie et le Trompette).*

AMPHITRYON. — Ta maîtresse est là, Ecclissé ?

ECCLISSÉ. — Oui, Seigneur

AMPHITRYON. — Elle est là, dans sa chambre ?

ECCLISSÉ. — Oui, seigneur.

AMPHITRYON. — Je l'attends.....

(la voix céleste retentit pendant le silence).

LA VOIX CÉLESTE. — *Les Femmes. Le fils qu'Alcmène conçoit ce soir de Jupiter les sait toutes infidèles, tendres aux honneurs, chatouillées par la gloire.*

LA FOULE. — Ah! Ah! Ah!

LA VOIX. — *Il les séduit, les épuise, les abandonne, il insulte les maris outragés, il meurt par elles...*

LA FOULE. — Oh! Oh! Oh!

SCÈNE TROISIÈME

Alcmène, Amphitryon

ALCMÈNE. — Qu'allons-nous faire, Amphitryon?

AMPHITRYON. — Qu'allons-nous faire, Alcmène?

ALCMÈNE. — Tout n'est pas perdu, puisqu'il a permis que tu le devances !

AMPHITRYON. — A quelle heure doit-il être là ?

ALCMÈNE. — Dans quelques minutes, hélas, au coucher du soleil. Je n'ose regarder là-haut ! Toi, qui vois les aigles avant qu'ils ne te voient, n'aperçois-tu rien dans le ciel ?

AMPHITRYON. — Un astre mal suspendu qui balance.

ALCMÈNE. — C'est qu'il passe ! Tu as un projet ?

AMPHITRYON. — J'ai ma voix, ma parole, Alcmène ! Je persuaderai Jupiter ! Je le convaincrai !

ALCMÈNE. — Pauvre ami ! Tu n'as jamais convaincu que moi au monde, et ce n'est point par des discours. Un colloque entre Jupiter et toi, c'est tout ce que je redoute. Tu en sortirais désespéré, mais me donnant aussi à Mercure.

AMPHITRYON. — Alors, Alcmène ! Nous sommes perdus.

ALCMÈNE. — Ayons confiance en sa bonté... A cette place où nous recevons les hôtes de marque, dans nos cérémonies, attendons-le. J'ai l'impression qu'il ignorait notre amour. Du plus profond de l'Olympe, il faut qu'il nous aperçoive ainsi, l'un près de l'autre, sur notre seuil, et que la vision du couple commence à détruire en lui l'image de la femme isolée... Prends-moi dans tes bras ! Etreins-moi ! Embrasse-moi en pleine lumière pour qu'il voie quel être unique forment deux époux. Toujours rien, dans le ciel ?

AMPHITRYON. — Le Zodiaque s'agite. Il en a heurté le fil. Je te donne le bras ?

ALCMÈNE. — Non, pas de lien factice et banal. Laisse entre nous deux ce doux intervalle, cette porte de tendresse, que les enfants, les chats, les oiseaux, aiment trouver entre deux vrais époux.

Bruits de la foule et musique.

AMPHITRYON. — Voilà que les prêtres donnent leur signal. Il ne doit plus être loin... Nous disons-nous adieu devant lui, ou maintenant, Alcmène ? Il faut tout prévoir !

LA VOIX CÉLESTE, *annonçant* : — *Adieux d'Alcmène et d'Amphitryon !*

AMPHITRYON. — Tu as entendu ?

ALCMÈNE. — J'ai entendu.

LA VOIX, *répétant.* — *Adieux d'Alcmène et d'Amphitryon !*

AMPHITRYON. — Tu n'as pas peur ?

ALCMÈNE. — O chéri, n'as-tu pas quelquefois, aux heures où la vie s'élargit, senti en toi une voix inconnue donner comme un titre à ces instants ?

Le jour de notre première rencontre, de notre premier bain dans la mer, n'as-tu pas entendu en toi appeler : Fiançailles d'Amphitryon! Premier bain d'Alcmène! Aujourd'hui l'approche des dieux a rendu sans doute l'atmosphère si sonore que le titre muet de cette minute y résonne. Disons-nous adieu.

AMPHITRYON. — Pour parler franchement, je n'en suis pas fâché, Alcmène. Depuis la minute où je t'ai connue, je porte cet adieu en moi, non comme un appel dernier, mais comme s'il était la déclaration d'une tendresse particulière, comme un nouvel aveu. Me voilà, par hasard, obligé de le dire aujourd'hui au terme peut-être de notre vie et là où théoriquement il convient. Mais c'est presque toujours au milieu de nos plus grandes joies et quand rien ne menaçait notre union, que le besoin de te dire adieu m'étreignait et gonflait mon cœur de mille caresses inconnues.

ALCMÈNE. — Mille caresses inconnues ? On peut savoir ?

AMPHITRYON. — Je sentais bien que j'avais un nouveau secret à dire à ce visage où je n'aurai pas vu une ride, à ces yeux où je n'aurai pas vu une larme, à ces cils dont pas un seul ne sera tombé, même pour me permettre de faire un vœu ! C'était un adieu.

ALCMÈNE. — Ne détaille pas, chéri. Toutes les parts de mon corps que tu ne nommeras point souffriront de partir négligées vers la mort.

AMPHITRYON. — Tu crois vraiment que la mort s'apprête pour nous ?

ALCMÈNE. — Non ! Jupiter ne nous tuera pas. Pour se venger de notre refus, il nous changera bien plutôt d'espèce ; il nous retirera tout goût et toute joie commune, il fera de nous des êtres différents, un de ces couples célèbres par leur amour mais séparés par leur race plus que par la haine, un rossignol et un crapaud, un saule et un poisson... Je m'arrête pour ne pas lui donner d'idées ! Moi qui mange avec moins de plaisir si tu te sers d'une cuiller quand j'ai une fourchette, lorsque tu respireras par des branchies et moi par des feuilles, lorsque tu parleras par un coassement et moi par des roulades, ô chéri, quel goût trouverai-je à la vie!

Amphitryon. — Je te joindrai, je resterai près de toi : la présence est la seule race des amants.

Alcmène. — Ma présence? Peut-être ma présence sera-t-elle bientôt pour toi la pire peine. Peut-être allons-nous à l'aube nous retrouver face à face, dans ces mêmes corps, le tien intact, le mien privé de cette virginité pour dieu que doit garder une femme sous tous les baisers du mari. Envisages-tu la vie avec cette épouse qui n'aura plus de respect d'elle-même, déshonorée, fût-ce par trop d'honneur, et flétrie par l'immortalité ? Envisages-tu que toujours un tiers nom soit sur nos lèvres, indicible, donnant un goût de fiel à nos repas, à nos baisers ? Moi pas. Quel regard auras-tu pour moi quand le tonnerre grondera, quand le monde s'emplira par des éclairs d'allusions à celui qui m'a souillée ? Jusqu'à la beauté des choses créées, créées par lui, sera pour nous un rappel à la honte. Ah ! plutôt ce changement en êtres primaires mais purs. Il y a en toi tant de loyauté, tant de bon vouloir à jouer ton rôle d'homme, que je te reconnaîtrais sûrement parmi les poissons ou les arbres, à ta façon consciencieuse de recevoir le vent, de manger ta proie ou de conduire ta nage.

AMPHITRYON. — Le capricorne s'est dressé, Alcmène. Il approche.

ALCMÈNE. — Adieu, Amphitryon.

J'aurais pourtant bien aimé voir avec toi l'âge venir, voir ton dos se voûter, vérifier s'il est vrai que les vieux époux prennent le même visage, connaître avec toi les plaisirs de l'âtre, du souvenir, mourir presque semblable à toi. Si tu le veux, Amphitryon, goûtons ensemble une minute de cette vieillesse. Imagine que nous avons derrière nous, non pas ces douze mois de mariage, mais de très longues années. Tu m'as aimée, mon vieil époux ?

Amphitryon. — Toute ma vie!

Alcmène. — Tu n'as pas, vers nos noces d'argent, trouvé plus jeune que moi une vierge de seize ans, à la fois timide et hardie, que ta vue et tes exploits tourmentaient, légère et ravissante, un monstre, quoi ?

Amphitryon. — Toujours tu as été plus jeune que la jeunesse.

Alcmène. — Quand arriva la cinquantaine et que je fus nerveuse, riant et pleurant sans raison, lorsque je t'ai poussé, le ciel sait pourquoi, à voir certaines mauvaises femmes, sous le prétexte que notre amour en serait plus vif, tu n'as rien dit, tu n'as rien fait, tu ne m'as pas obéi, n'est-ce pas ?

AMPHITRYON. — Non. J'ai voulu que tu sois fière de nous deux quand viendrait l'âge.

ALCMÈNE. — Aussi quelle superbe vieillesse ! La mort peut venir !

AMPHITRYON. — Quelle mémoire sûre nous avons de ce temps éloigné ! Et ce matin, Alcmène, où je revins à l'aube de la guerre pour t'étreindre dans l'ombre, te le rappelles-tu ?

ALCMÈNE. — A l'aube ? Au crépuscule, veux-tu dire ?

AMPHITRYON. — Aube ou crépuscule, quelle importance cela a-t-il maintenant ! A midi, peut-être. Je me rappelle seulement que ce jour-là mon cheval franchit les fossés les plus larges, et que dans la matinée je fus vainqueur. Mais qu'as-tu, chérie, tu es pâle ?

ACLMÈNE. — Je t'en supplie, Amphitryon. Dis-moi si tu es venu au crépuscule ou à l'aube ?

AMPHITRYON. — Mais je te dirai tout ce que tu voudras, chérie... Je ne veux pas te faire de peine.

ALCMÈNE. — C'était la nuit, n'est-ce pas ?

AMPHITRYON. — Dans notre chambre obscure, la nuit complète... Tu as raison ! La mort peut venir.

LA VOIX CÉLESTE. — *La mort peut venir.*

Fracas. Jupiter paraît escorté de Mercure.

SCÈNE QUATRIÈME

Alcmène. Jupiter. Mercure. Amphitryon

JUPITER. — La mort peut venir, dites-vous ? Ce n'est que Jupiter.

MERCURE. — Je vous présente Alcmène, Seigneur, la récalcitrante Alcmène.

JUPITER. — Et pourquoi cet homme près d'elle ?

MERCURE. — C'est son mari, Amphitryon.

JUPITER. — Amphitryon, le vainqueur de la grande bataille de Corinthe ?

MERCURE. — Vous anticipez. Il ne gagnera Corinthe que dans cinq ans. Mais c'est bien lui.

JUPITER. — Qui l'a appelé ici ? Que vient-il faire ?

AMPHITRYON. — Seigneur !...

MERCURE. — Il vient vous offrir lui-même sa femme, sans aucun doute. Ne l'avez-vous pas vu du haut du ciel la préparer, l'embrasser, lui donner, tourné vers vous, par des caresses, cette excitation et cet apprêt qui porteront à sa réussite suprême votre nuit... Merci, prince.

AMPHITRYON. — Mercure se trompe, Seigneur.

JUPITER. — Ah ! Mercure se trompe ? Tu ne sembles pas en effet convaincu de la nécessité que cette nuit je m'étende près de ta femme, et remplisse ta mission. Moi je le suis.

APMHITRYON. — Moi, Seigneur, non !

MERCURE. — L'heure n'est plus aux discours, Jupiter, le soleil se couche.

JUPITER. — Son coucher ne regarde que lui seul.

MERCURE. — Si les dieux se mettent

à engager avec les humains des conversations et des disputes individuelles, les beaux jours sont finis.

AMPHITRYON. — Je viens défendre Alcmène contre vous, Seigneur, ou mourir.

JUPITER. — Ecoute, Amphitryon. Nous sommes entre hommes. Tu sais mon pouvoir. Tu ne te dissimules pas que je peux entrer dans ton lit invisible et même en ta présence. Rien qu'avec les herbes de ce parc, je peux composer des filtres qui rendront ta femme amoureuse de moi, et te donneront même le désir de m'avoir pour rival heureux. Ce conflit est donc non pas un conflit de fond, mais, hélas, un conflit de forme, comme tous ceux qui provoquent les schismes ou les nouvelles religions. Il ne s'agit pas de savoir si j'aurai Alcmène, mais comment ! Pour cette courte nuit, cette formalité, vas-tu entrer en conflit avec les dieux ?

AMPHITRYON. — Je ne puis livrer, Alcmène, je préfère cette autre formalité, la mort.

JUPITER. — Comprends ma complaisance ! Je n'aime pas seulement Alcmène, car alors je me serais arrangé pour être son amant sans te consulter. J'aime votre couple. J'aime, au début des ères humaines, ces deux grands et beaux corps sculptés à l'avant de l'humanité comme des proues. C'est en ami que je m'installe entre vous deux.

AMPHITRYON. — Vous y êtes déjà, et déjà vénéré. Je refuse.

JUPITER. — Tant pis pour toi ! Ne retarde plus la fête, Mercure ! Convoque la ville entière. Puisqu'il nous y force, fais éclater la vérité, celle de la nuit d'hier et celle d'aujourd'hui. Nous avons des moyens divins de convaincre ce couple.

AMPHITRYON. — Des prodiges ne convainquent pas un général.

JUPITER. — C'est ton dernier mot ? Tu tiens à engager la bataille avec moi ?

AMPHITRYON. — S'il le faut, oui.

JUPITER. — Je pense que tu es un général suffisamment intelligent pour ne t'y hasarder qu'avec des armes égales aux miennes. C'est l'a b c de la tactique.

AMPHITRYON. — J'ai ces armes.

JUPITER. — Quelles armes ?

AMPHITRYON. — J'ai Alcmène.

JUPITER. — Eh bien, ne perdons pas une minute. Je les attends de pied ferme, tes armes. Je te prie même de me laisser avec elles. Viens ici, Alcmène. Vous deux, disparaissez.

SCÈNE CINQUIÈME

Alcmène. Jupiter

ALCMENE. — Enfin seuls !

JUPITER. — Tu ne crois pas si bien dire. Nous sommes dans l'heure où tu seras à moi.

ALCMÈNE. — Alors, ma dernière heure !

JUPITER. — Cesse ce chantage... Il est indigne de nous deux... Oui, nous voilà en effet pour la première fois face à face, moi sachant ta vertu, toi sachant mon désir... Enfin seuls !...

ALCMÈNE. — Vous êtes souvent seul ainsi, à ce que dit votre légende ?

JUPITER. — Rarement aussi amoureux, Alcmène. Jamais aussi faible. D'aucune femme, je n'aurais supporté ce dédain.

ALCMÈNE. — Le mot amoureux existe, dans la langue des dieux ? Je croyais que c'était le règlement suprême du monde qui les poussait, vers certaines époques, à venir mordiller les belles mortelles au visage ?

JUPITER. — Règlement est un bien gros mot. Disons fatalité.

ALCMÈNE. — Et la fatalité sur une femme aussi peu fatale qu'Alcmène ne vous rebute pas ? Tout ce noir sur ce blond ?

JUPITER. — Tu lui donnes pour la première fois une couleur d'improviste qui me ravit. Tu es une anguille en ses mains.

ALCMÈNE. — Un jouet dans les vôtres. O Jupiter, vraiment, vous plaisè-je ?

JUPITER. — Si le mot plaire ne vient pas seulement du mot plaisir, mais du mot, biche en émoi, du mot amande en fleur, Alcmène, tu me plais.

ALCMÈNE. — C'est ma seule chance. Si je vous déplaisais tant soit peu, vous n'hésiteriez pas à m'aimer de force pour vous venger.

JUPITER. — Moi, je te plais ?

ALCMÈNE. — En doutez-vous ? Aurais-je à ce point le sentiment de tromper mon mari, avec un dieu qui m'inspirerait de l'aversion ? Ce serait pour mon corps une catastrophe, mais je me sentirais fidèle à mon honneur.

JUPITER. — Tu me sacrifies parce que tu m'aimes ? Tu me résistes parce que tu es à moi ?

ALCMÈNE. — C'est là tout l'amour.

JUPITER. — Tu obliges ce soir l'Olympe à parler un langage bien précieux.

ALCMÈNE. — Cela ne lui fera pas de mal. Il paraît qu'un mot de votre langage le plus simple, un seul mot, tellement il est brutal, détruirait le monde.

JUPITER. — Thèbes ne risque vraiment rien aujourd'hui.

ALCMÈNE. — Pourquoi faut-il qu'Alcmène risque davantage ? Pourquoi faut-il que vous me torturiez, que vous brisiez un couple parfait, que vous preniez un bonheur d'un instant, et laissiez des ruines !

JUPITER. — C'est là tout l'amour...

ALCMÈNE. — Et si je vous offrais mieux que l'amour ? Vous pouvez goûter l'amour avec d'autres. Mais je voudrais créer entre nous un lien plus doux encore et plus puissant : seule de toutes les femmes je puis vous l'offrir. Je vous l'offre.

JUPITER. — Et c'est ?

ALCMÈNE. — L'amitié !

JUPITER. — Amitié ! Quel est ce mot ! Explique-toi. Pour la première fois, je l'entends.

ALCMÈNE. — Vraiment ! Oh ! alors

je suis ravie ! Je n'hésite plus ! Je vous offre mon amitié. Vous l'aurez vierge...

JUPITER. — Qu'entends-tu par là ? C'est un mot courant sur la terre ?

ALCMÈNE. — Le mot est courant.

JUPITER. — Amitié... Il est vrai que de si haut, certaines pratiques des hommes nous échappent encore... Je t'écoute... Lorsque des êtres se cachent comme nous, à l'écart, mais pour tirer des pièces d'or de vêtements en loque, les compter, les embrasser, est-ce là l'amitié ?

ALCMÈNE. — Non, c'est l'avarice.

JUPITER. — Ceux, quand la lune est pleine, qui se mettent nus, le regard fixé sur elle, passant les mains sur leur corps et se savonnant de son éclat, ce sont là les amis ?

ALCMÈNE. — Non, ce sont les lunatiques !

JUPITER. — Parle clairement ! Et

ceux qui dans une femme, au lieu de l'aimer elle-même, se concentrent sur un de ses gants, une de ses chaussures, la dérobent, et usent de baisers cette peau de bœuf ou de chevreau, amis encore ?

ALCMÈNE. — Non, sadiques.

JUPITER. — Alors, décris-la moi ton amitié. C'est une passion.

ALCMÈNE. — Folle.

JUPITER. — Quel est son sens ?

ALCMÈNE. — Son sens ? Tout le corps, moins un sens ?

JUPITER. — Nous le lui rétablirons, par un miracle. Son objet ?

ALCMÈNE. — Elle accouple les créatures les plus dissemblables et les rend égales.

JUPITER. — Je crois maintenant comprendre ! Parfois, de notre observatoire, nous voyons les êtres s'isoler en groupes de deux, dont nous ne percevons pas la raison, car rien ne semble devoir les accoler : un ministre qui tous les jours rend visite à un jardinier, un lion dans une cage qui exige un caniche, un marin et un professeur, un ocelot et un sanglier. Et ils ont l'air en effet complètement égaux, et ils avancent de front vers les ennuis quotidiens et vers la mort. Nous en venions à penser ces êtres liés par quelque composition secrète de leur corps.

ALCMÈNE. — C'est très possible. En tout cas, c'est l'amitié.

JUPITER. — Je vois encore cet ocelot. Il bondissait autour de son cher sanglier. Puis, dans un olivier, il se cachait, et quand le marcassin passait grognant près des racines, se laissait tomber tout velours sur les soies.

ALCMÈNE. — Oui, les ocelots sont d'excellents amis.

JUPITER. — Le ministre, lui, faisait

dans une allée les cent pas avec le jardinier. Il parlait des greffes, des limaces ; le jardinier, des interpellations, des impôts. Puis, chacun ayant dit son mot, ils s'arrêtaient au terme de l'allée, le sillon de l'amitié sans doute tracé jusqu'au bout, et se regardaient un moment bien en face clignant affectueusement l'œil, et se lissant la barbe.

ALCMÈNE. — Toujours, les amis.

JUPITER. — Et que ferons-nous, si je deviens ton ami ?

ALCMÈNE. — D'abord je penserai à vous, au lieu de croire en vous... Et cette pensée sera volontaire, due à mon cœur, tandis que ma croyance était une habitude, due à mes aïeux... Mes prières ne seront plus des prières, mais des paroles. Mes gestes rituels, des signes.

JUPITER. — Cela ne t'occupera pas trop ?

ALCMÈNE. — Oh ! non. L'amitié du

dieu des dieux, la camaraderie d'un être qui peut tout, tout détruire et tout créer, c'est même le minimum de l'amitié pour une femme. Aussi les femmes n'ont-elles point d'amis.

JUPITER. — Et moi, que ferai-je ?

ALCMÈNE. — Les jours où la compagnie des hommes m'aurait excédée, je vous verrais apparaître, silencieux ; vous vous assiériez, très calme sur le pied de mon divan, sans caresser nerveusement la griffe ou la queue des peaux de léopard, car alors ce serait de l'amour, — et soudain vous disparaîtriez... Vous auriez été là ! Vous comprenez ?

JUPITER. — Je crois que je comprends. Pose-moi des questions. Dis-moi les cas où tu m'appelais à l'aide, et je tâcherai de répondre ce que doit faire un bon ami.

ALCMÈNE. — Excellente idée ! Vous y êtes ?

JUPITER. — J'y suis !

ALCMÈNE. — Un mari absent ?

JUPITER. — Je détache une comète pour le guider. Je te donne une double vue qui te permet de le voir à distance, et pour l'atteindre une double parole.

ALCMÈNE. — C'est tout ?

JUPITER. — Oh ! pardon ! je le rends présent.

ALCMÈNE. — La visite d'amies ou de parentes ennuyeuses ?

JUPITER. — Je déchaîne sur les visiteuses une peste qui leur fait sortir les yeux des orbites J'envoie un mal qui leur ronge le foie et dans leur cerveau une colique Le plafond s'effondre et le parquet s'écarte... Ce n'est pas cela !

ALCMÈNE. — C'est trop ou trop peu !

JUPITER. — Oh ! pardon encore, je les rend absentes...

ALCMÈNE. — Un enfant malade ?

Jupiter. — L'univers n'est plus que tristesse. Les fleurs sont sans parfum. Les animaux portent bas la tête !

Alcmène. — Vous ne le gueririez pas ?

Jupiter. — Evidemment si ! Que je suis bête !

Alcmene. — C'est ce que les dieux oublient toujours. Ils ont pitié des malades, ils détestent les méchants. Ils oublient seulement de guérir, de punir. Mais en somme vous avez compris. L'examen est très passable.

Jupiter. — Chère Alcmène.

Alcmène. — Ne souriez pas ainsi, Jupiter, ne soyez pas cruel ! N'avez-vous donc jamais cédé devant une de vos créatures ?

Jupiter. — Je n'ai jamais eu cette occasion.

Alcmène. — Vous l'avez. La laisserez-vous échapper ?

JUPITER. — Relève-toi, Alcmène. Il est temps que tu reçoives ta récompense. Depuis ce matin, j'admire ton courage et ton obstination, et comme tu ourdis tes ruses avec loyauté, et comme tu es sincère dans tes mensonges. Tu m'as attendri, et si tu trouves un moyen de justifier ton refus devant les Thébains, je ne t'impose pas cette nuit ma présence.

ALCMÈNE. — Pourquoi en parler aux Thébains ? Que le monde entier me croie votre maîtresse, vous pensez bien que je l'accepte, et qu'Amphitryon l'acceptera ! Cela nous fera des envieux, mais il nous sera agréable de souffrir pour vous.

JUPITER. — Viens dans mes bras, Alcmène, et dis-moi adieu.

ALCMÈNE. — Dans les bras d'un ami, oh Jupiter, j'y cours !

LA VOIX CÉLESTE. — *Adieux d'Alcmène et de son amant Jupiter.*

ALCMÈNE. — Vous avez entendu ?

JUPITER. — J'ai entendu.

ALCMÈNE. — Mon amant Jupiter ?

JUPITER. — Amant veut dire aussi ami ; une voix céleste peut employer le style noble.

ALCMÈNE. — J'ai peur, Jupiter, tant de choses sont troublées tout à coup en moi par ce seul mot !

JUPITER. — Rassure-toi

LA VOIX CÉLESTE. — *Adieux de Jupiter et de sa maîtresse Alcmène.*

JUPITER. — C'est quelque farce de Mercure. J'y vais mettre bon ordre. Mais qu'as-tu Alcmène ? Pourquoi cette pâleur ? Faut-il te le redire, j'accepte l'amitié.

ALCMÈNE. — Sans réserves

JUPITER. — Sans réserves.

ALCMÈNE. — Vous l'acceptez bien

vite ! Vous montrez une vive satisfaction à l'accepter !

Jupiter. — C'est que je suis satisfait.

Alcmène. — Vous êtes satisfait de n'avoir pas été mon amant ?

Jupiter. — Ce n'est pas ce que je veux dire...

Alcmène. — Ce n'est pas non plus ce que je pense ! Jupiter, puisque vous êtes maintenant mon ami, parlez-moi franchement. Vous êtes bien sûr que jamais vous n'avez été mon amant !

Jupiter. — Pourquoi cette question ?

Alcmène. — Vous vous êtes amusé tout à l'heure, avec Amphitryon. Il n'y a vraiment pas eu de lutte entre son amour et votre désir... C'était un jeu de votre part... Vous aviez d'avance renoncé à moi... Ma connaissance des hommes me pousserait à croire que c'est parce que vous avez déjà eu satisfaction.

JUPITER. — Déjà ? Qu'entends-tu par déjà ?

ALCMÈNE. — Vous êtes sûr que vous n'êtes jamais entré dans mes rêves, que vous n'avez jamais pris la forme d'Amphitryon ?

JUPITER. — Tout à fait sûr.

ALCMÈNE. — Peut-être aussi cela vous a-t-il échappé. Ce n'est pas étonnant avec tant d'aventures...

JUPITER. — Alcmène !

ALCMÈNE. — Alors tout cela ne prouve pas un grand amour de votre part. Evidemment, je n'aurais pas recommencé, mais dormir une fois près de Jupiter, cela aurait été un souvenir pour une petite bourgeoise. Tant pis !

JUPITER. — Chère Alcmène, tu me tends un piège !

Alcmène. — Un piège ? Vous craignez donc d'être pris ?

Jupiter. — Je lis en toi, Alcmène, j'y vois ta peine, tes desseins. J'y vois que tu étais résolue à te tuer, si j'avais été ton amant. Je ne l'ai pas été.

Alcmène. — Prenez-moi dans vos bras.

Jupiter. — Volontiers, petite Alcmène. Tu t'y trouves bien ?

Alcmène. — Oui.

Jupiter. — Oui qui !

Alcmène. — Oui, Jupiter chéri... Voyez, cela vous semble tout naturel que je vous appelle Jupiter chéri ?

Jupiter. — Tu l'as dit si naturellement.

Alcmène. — Pourquoi justement l'ai-je dit de moi-même ? C'est ce qui m'intrigue. Et cet agrément, cette confiance que ressent pour vous mon corps, d'où vient-il ? Je me sens à l'aise avec vous comme si cette aise venait de vous.

Jupiter. — Mais oui, nous nous entendons très bien.

Alcmène. — Non, nous nous entendons mal. Sur beaucoup de points, à commencer par votre création d'ailleurs, et à continuer par votre habillement, je n'ai pas du tout vos idées. Mais nos corps s'entendent. Nos deux corps sont encore aimantés l'un vers l'autre, comme ceux des gymnastes, après leur exercice. Quand a eu lieu notre exercice ? Avouez-le moi ?

Jupiter. — Jamais, te dis-je.

Alcmène. — Alors, d'où vient mon trouble ?

Jupiter. — C'est que malgré moi, dans tes bras, je me sens porté à prendre la forme d'Amphitryon. Ou bien peut-être que tu commences à m'aimer.

ALCMÈNE. — Non, c'est le contraire, d'un début. Ce n'est pas vous qui êtes entré tout brûlant dans mon lit après le grand incendie de Thèbes ?

JUPITER. — Ni tout mouillé, le soir où ton mari repêcha un enfant...

ALCMÈNE. — Vous voyez, vous le savez !

JUPITER. — Ne sais-je pas tout ce qui te concerne ? Hélas non, c'était bien ton mari. Quels doux cheveux !

ALCMÈNE. — Il me semble que ce n'est pas la première fois que vous arrangez cette mèche de cheveux, ou que vous vous penchez sur moi ainsi... C'est à l'aube ou au crépuscule que vous êtes venu et m'avez prise ?

JUPITER. — Tu le sais bien, c'est à l'aube. Crois-tu que ta ruse de Léda m'ait échappé ? J'ai accepté Léda pour te plaire.

ALCMÈNE. — O maître des dieux, pouvez-vous donner l'oubli ?

JUPITER. — Je peux donner l'oubli, comme l'opium, rendre sourd, comme la valériane. Les dieux entiers dans le ciel ont à peu près le même pouvoir que les dieux épars dans la nature. Que veux-tu donc oublier ?

ALCMÈNE. — Cette journée. Certes, je veux bien croire que tout s'y est déroulé correctement et loyalement de la part de tous, mais il plane sur elle quelque chose de louche qui m'oppresse. Je ne suis pas femme à supporter un jour trouble, fût-ce un seul, dans ma vie. Tout mon corps se réjouit de cette heure où je vous ai connu, et toute mon âme en éprouve un malaise. N'est-ce pas le contraire de ce que je devrais ressentir ? Donnez à mon mari et à moi le pouvoir d'oublier cette journée, à part votre amitié.

JUPITER. — Qu'il en soit fait comme

tu le désires. Reviens dans mes bras, le plus tendrement que tu pourras, cette fois.

ALCMÈNE. — Soit, puisque j'oublierai tout.

JUPITER. — Cela est même nécessaire, car ce n'est que par un baiser que je peux donner l'oubli.

ALCMÈNE. — C'est sur les lèvres aussi que vous allez embrasser Amphitryon ?

JUPITER. — Puisque tu vas tout oublier, Alcmène, ne veux-tu pas que je te montre ce que sera ton avenir ?

ALCMÈNE. — Dieu m'en garde.

JUPITER. — Il sera heureux, crois-moi.

ALCMÈNE. — Je sais ce qu'est un avenir heureux. Mon mari aimé vivra et mourra. Mon fils chéri naîtra, vivra et mourra. Je vivrai et mourrai.

JUPITER. — Pourquoi ne veux-tu pas être immortelle ?

Alcmène. — Je déteste les aventures ; c'est une aventure, l'immortalité !

Jupiter. — Alcmène, chère amie, je veux que tu participes, fût-ce une seconde, à notre vie de dieux. Puisque tu vas tout oublier, ne veux-tu pas, en un éclair, voir ce qu'est le monde et le comprendre ?

Alcmène. — Non, Jupiter, je ne suis pas curieuse.

Jupiter. — Veux-tu voir quel vide, quelle succession de vides, quel infini de vides est l'infini ? Si tu crains d'avoir peur de ces limbes laiteux, je ferai apparaître dans leur angle ta fleur préférée, rose ou zinia, pour marquer un moment l'infini à tes armes.

Alcmène. — Non.

Jupiter. — Ah ! ne me laissez pas aujourd'hui toi et ton mari, toute ma divinité pour compte ! Veux-tu voir l'humanité à l'œuvre, de sa naissance à son terme. Veux-tu voir les onze grands êtres qui orneront son histoire, avec leur belle face de juif ou leur petit nez de lorraine ?

ALCMÈNE. — Non.

JUPITER. — Pour la dernière fois, je te questionne, chère femme obstinée ! Tu ne veux pas savoir, puisque tu vas tout oublier, de quelles apparences est construit votre bonheur, de quelles illusions votre vertu ?

ALCMÈNE. — Non.

JUPITER. — Ni ce que je suis vraiment pour toi, Alcmène ? Ni ce que recèle, ce ventre, ce cher ventre !

ALCMÈNE. — Hâtez-vous !

JUPITER. — Alors, oublie tout, excepté ce baiser ?

Il l'embrasse.

ALCMÈNE, *revenant à elle.* — Quel baiser ?

JUPITER. — Oh, pour le baiser, ne me raconte pas d'histoires ! J'ai justement pris soin de le placer en deçà de l'oubli.

SCÈNE SIXIÈME

Alcmène. Jupiter. Mercure

MERCURE. — Thèbes entière est aux pieds du palais, Jupiter, et entend que vous vous montriez aux bras d'Alcmène.

ALCMÈNE. — Venez là, Jupiter, nous serons vus de tous et tous seront contents.

MERCURE. — Ils demandent quelques phrases de vous, Jupiter. N'hésitez pas à leur parler très fort. Ils se sont mis de profil de façon à ce que leur tympan ne subisse aucun dommage.

JUPITER, *très haut*. — Enfin, je te rencontre... Chère Alcmène !

ALCMÈNE, *très bas.* — Oui, il va falloir nous quitter, cher Jupiter.

JUPITER. — Notre nuit commence, fertile pour le monde.

ALCMÈNE. — Notre jour finit, ce jour que je me prenais à aimer.

JUPITER. — Devant ces magnifiques et superbes Thébains...

ALCMÈNE. — Ces tristes sires, qui acclament ce qu'ils croient ma faute et insulteraient à ma vertu...

JUPITER. — Je t'embrasse, en bienvenue, pour la première fois.

ALCMÈNE. — Et moi pour la troisième, en adieu éternel.

Ils défilent devant la balustrade. Puis Alcème conduit Jupiter jusqu'à la petite porte.

JUPITER. — Et maintenant ?

ALCMÈNE. — Et maintenant que la légende est en règle, comme il convient aux dieux, règlons au dessous d'elle l'histoire par des compromissions, comme il convient aux hommes... Personne ne nous voit plus... Dérobons-nous aux lois fatales... Tu es là, Amphytrion ?

Amphitryon ouvre la petite porte.

AMPHITRYON. — Je suis là, Alcmène.

ALCMÈNE. — Remercie Jupiter, chéri. Il tient à me remettre lui-même intacte entre tes mains.

AMPHITRYON. — Les dieux seuls ont de ces attentions.

ALCMÈNE. — Il voulait nous éprouver ! Il demande seulement à ce que nous ayons un fils.

AMPHITRYON. — Nous l'aurons dans neuf mois, seigneur, je vous le jure !

ALCMÈNE. — Et nous vous promettons de l'appeler Hercule, puisque vous aimez ce nom. Ce sera un petit garçon doux et sage.

Jupiter. — Oui, je le vois d'ici... Adieu donc, Alcmène, sois heureuse, et toi, Mercure, maître des plaisirs, avant que nous quittions ces lieux, pour leur prouver notre amitié, donne la récompense qui convient à deux époux qui se retrouvent.

Mercure. — A deux époux qui se retrouvent ? Ma tâche est simple ! Pour assister à leurs ébats, je convoque et tous les dieux, et toi, Léda, qui as encore à apprendre, et vous, braves gens qui avez été dans cette journée à la fois le personnel subalterne de l'amour et de la guerre, écuyer, guerrier, et trompette ! Ouvrez larges vos yeux et qu'autour du lit, pour étouffer leurs cris, résonnent chants, musique et foudre.

Toutes les personnes évoquées par Jupiter emplissent la scène.

Alcmène. — Oh Jupiter. Daignez l'arrêter. Il s'agit d'Alcmène.

JUPITER. — Encore d'Alcmène ! Il s'agira donc toujours d'Alcmène aujourd'hui ! Alors, évidemment, Mercure se trompe ! Alors c'est l'aparté des apartés, le silence des silences. Alors disparaissons, dieux et comparses, vers nos zéniths et vers nos caves. Vous tous spectateurs, retirez-vous sans mot dire en affectant la plus complète indifférence. Qu'une suprême fois Alcmène et son mari apparaissent seuls dans un cercle de lumière, où mon bras ne figurera plus que comme un bras indicateur pour indiquer le sens du bonheur ; et sur ce couple, que l'adultère n'effleura et n'effleurera jamais, auquel ne sera jamais connue la saveur du baiser illégitime pour clore de velours cette clairière de fidélité, vous là haut, rideaux de la nuit qui vous contenez depuis une heure, retombez.

RIDEAUX

TABLE DES MATIÈRES

CET OUVRAGE A PARU PRÉCÉDEMMENT DANS LES « CAHIERS VERTS », PUBLIÉS A LA LIBRAIRIE BERNARD GRASSET, SOUS LA DIRECTION DE DANIEL HALÉVY ; LE TIRAGE A ÉTÉ DE TROIS MILLE HUIT CENT QUATRE-VINGT-DEUX EXEMPLAIRES, DONT SOIXANTE-DEUX EXEMPLAIRES SUR MADAGASCAR, NUMÉROTÉS MADAGASCAR 1 à 50 ET I à XII ; CENT SOIXANTE-DIX EXEMPLAIRES SUR VÉLIN PUR FIL LAFUMA, NUMÉROTÉS VÉLIN PUR FIL 1 à 150 ET I à XX ; TROIS MILLE SIX CENTS CINQUANTE EXEMPLAIRES SUR ALFA SATINÉ, NUMÉROTÉS ALFA 1 à 3.300 ET EXEMPLAIRES DE PRESSE 1 à CCCL ; ET EN OUTRE DOUZE EXEMPLAIRES SUR VÉLIN PUR FIL CRÈME LAFUMA, NUMÉROTÉS L. H. C. I à L. H. C. XII.

EXCEPTIONNELLEMENT, IL A ÉTÉ TIRÉ DIX EXEMPLAIRES SUR CHIFFON HÉLIOTROPE NUMÉROTÉS HÉLIOTROPE 1 à 8 ET I ET II ; SOIXANTE-HUIT EXEMPLAIRES SUR VÉLIN D'ARCHES NUMÉROTÉS ARCHES 1 à 30, I à X ET A à AB, EXEMPLAIRES TIRÉS SPÉCIALEMENT POUR L'AUTEUR ET SES AMIS ; ET CENT CINQUANTE-QUATRE EXEMPLAIRES SUR VERGÉ DU MARAIS, RÉSERVÉS AU SALON DU LIVRE POUR LES AMIS DE LA COMÉDIE DES CHAMPS-ÉLYSÉES, NUMÉROTÉS MARAIS 1 à 150 ET I à IV.

Avec la dix-neuvième édition, dont le troisième acte est en partie nouveau, il a été tiré quinze exemplaires sur papier or Turner, numérotés I à XV, réservés à l'auteur.

Avec la vingt-cinquième édition, provisoirement définitive, il a été tiré quatre exemplaires sur papier héliotrope, numérotés 1 et 2 et I et II ; et seize exemplaires sur vélin pur fil Lafuma, numérotés vélin pur fil 1 à 10 et I à VI.

LA PRÉSENTE ÉDITION (6e TIRAGE)
A ÉTÉ ACHEVÉE D'IMPRIMER LE
17 MARS 1939 PAR L'IMPRIME-
RIE FLOCH A MAYENNE (FRANCE).

ŒUVRES DE
JEAN GIRAUDOUX

Provinciales, *nouvelles* . . . . 18 fr.
L'École des Indifférents . . . . 18 fr.
Simon le Pathétique, *nouvelle édition* . . . 18 fr.
Adorable Clio . . . . *épuisé*
Lectures pour une ombre . . . . 18 fr.
Amica America . . . . 18 fr.
Elpénor 16.50
Siegfried et le Limousin, *roman* . . . . . . 18 fr.
Bella, *roman* . . . . 18 fr.
Eglantine, *roman* . . . . 18 fr.
Aventures de Jérôme Bardini . . . . . . 18 fr.
Combat avec l'Ange . . . . 18 fr.
La France sentimentale . . . . 18 fr.
Suzanne et le Pacifique . . . . 18 fr.
Juliette au pays des hommes . . . . . . 18 fr.
Textes choisis, réunis et présentés par René Lalou. 18 fr.
Les cinq tentations de La Fontaine......... 18 fr.

THÉATRE

Siegfried, *pièce en 4 actes* . . . . 18 fr.
Fin de Siegfried, *acte inédit* . . . . 20 fr.
Amphitryon 38, *pièce en 3 actes* . . . . . . 18 fr.
Intermezzo, *pièce en 4 actes* 16.50
Tessa, *pièce en 3 actes* . . . . 18 fr.
Judith, *tragédie en 3 actes* . . . . 18 fr.
Supplément au Voyage de Cook, *pièce en 1 acte*. 20 fr.
La guerre de Troie n'aura pas lieu, *pièce en 2 actes* 18 fr.
Electre, *pièce en 2 actes* . . . . 18 fr.
L'Impromptu de Paris, *pièce en un acte*.. . . 15 fr.
Cantique des Cantiques, *pièce en un acte*. . 18 fr.

CHEZ BERNARD GRASSET

Durand, 18, rue Séguier, Paris (France)

www.ingramcontent.com/pod-product-compliance
Lightning Source LLC
LaVergne TN
LVHW020601230826
846091LV00002B/560